일잘러가 업무에서 자주 사용하는

101가지
컴퓨터 활용팁

생능북스

일잘러가 업무에서 자주 사용하는

101가지
컴퓨터 활용팁

초판 1쇄 발행 2021년 7월 15일
초판 2쇄 발행 2023년 1월 2일

지은이 ǀ 반병현, 이효석
펴낸이 ǀ 김승기
펴낸곳 ǀ ㈜생능출판사 / **주소** 경기도 파주시 광인사길 143
브랜드 ǀ 생능북스
출판사 등록일 ǀ 2005년 1월 21일 / **신고번호** 제406-2005-000002호
대표전화 ǀ (031) 955-0761 / **팩스** (031) 955-0768
홈페이지 ǀ www.booksr.co.kr

책임편집 ǀ 유제훈 / **편집** 신성민, 이종무, 김민보
마케팅 ǀ 최복락, 김민수, 심수경, 차종필, 백수정, 송성환, 최태웅, 명하나
인쇄 ǀ 새한문화사
제본 ǀ 일진제책사

ISBN 978-89-7050-494-0 13000
값 22,000원

머리말

요즘 같은 때에 컴퓨터를 사용할 줄 모르는 사람은 거의 없을 것입니다. 누구나 컴퓨터를 사용해 업무를 처리하고, 유튜브도 보고, 게임도 즐기는 시대니까요. 그런데도 "혹시 컴퓨터를 잘하십니까?"라는 질문을 들으면 망설이기 마련입니다. 모두가 컴퓨터를 할 줄 아는데도 컴퓨터를 잘하는 사람은 특별한 대접을 받는다니 이것 참 신기한 세상입니다. 그렇다면 '컴퓨터를 잘한다'라는 것은 대체 무슨 의미일까요?

저자들이 겪어본 바로는 컴퓨터를 활용하면서 문제가 발생하는 경우 스스로 해결할 수 있고, 남들이 어려워하는 하드디스크 포맷이나 윈도우 설치 등의 작업을 할 줄 안다면 컴퓨터를 잘한다고 인정받을 수 있는 것 같습니다. 여기서 그치지 않고 컴퓨터 실력이 업무 능력 증진이나 업무 속도 향상까지 이어진다면 더할 나위 없이 좋겠지요!

이 책에서는 101가지 컴퓨터 활용 비법들을 소개해드립니다. 이 비법들은 여러분들의 시간을 절약해주거나, 여러분의 업무 역량을 훨씬 더 높은 곳으로 끌어올릴 수 있을 것입니다. 컴퓨터의 활용도가 몰라보게 넓어져 마치 새로운 전자기기를 구매한 것처럼 설레는 기분을 느끼게 될지도 모릅니다.

그렇다고 101가지나 되는 비법을 모두 외워야 할까요? 그럴 필요는 전혀 없습니다. 한 차례 가벼운 마음으로 훑어보시면 충분합니다. 혹시 마음에 쏙 드는 정보가 있다면, 일상에서 활용하실 수 있을 정도로 익숙해질 때까지 그 부분만 꼼꼼하게 읽어도 좋습니다.

다만 이 책이 여러분의 책꽂이에 항상 꽂혀 있으면 좋겠습니다. 추후 여러분이 컴퓨터를 활용하시다가 문제가 발생해 해결방안을 찾아야 할 때, 혹은 책에서 봤던 것 같은 기능을 사용해보고 싶어지셨을 때 이 책을 다시 펼쳐보기를 바랍니다.

부디 이 책이 여러분의 업무 생활에 도움이 되기를 바랍니다. 여러분의 책상 한 켠을 오래도록 차지할 수 있는 책이 되기를 바라며.

2021년 여름

저자 일동

차 례

CHAPTER 3

알아두면 쓸모있는 윈도우 기본 기능들   48

CHAPTER 4

문서 작업의 달인이 되고 싶다면, MS 오피스/한글 꿀팁   86

CHAPTER 5

업무에 감칠맛 더하는 유용한 프로그램들   146

CHAPTER 6

전산팀처럼 능숙하게 윈도우 설치하기   186

CHAPTER 7

알고 보면 쉬운 **컴퓨터 설정, 직접 시도하기**　　228

CHAPTER 8

스마트폰을 유용하게 **활용하는 방법**　　258

CHAPTER

9

업무를 방해하는 컴퓨터 문제를 해결하는 방법   300

아래 URL은 저자가 만든 이 책의 홈페이지 주소입니다. 관련된 정보를 찾아보실 수 있습니다.

https://needleworm.github.io/101/

이 책의 활용

❶ 업무를 빠르고 효율적으로 수행하는 방법을 소개합니다.

본문에 수록된 팁(tip)들은 처음 사용하는 것이라면 불편할 수도 있습니다. 하지만 회사 혹은 집에서 PC 또는 스마트 기기를 사용할 때 이 팁들을 자주 활용해보면 시간이 매우 단축되고 편리하다는 것을 느낄 수 있을 것입니다.

❷ 자주 발생하는 컴퓨터 문제를 해결하는 방법을 안내합니다.

윈도우 설치 방법부터 PC의 하드웨어/소프트웨어에 자주 발생하는 문제를 해결하는 방법을 안내하였습니다. 초보자도 할 수 있도록 자세히 설명하였으므로 혼자 PC를 다루는 데 많은 도움이 될 것입니다.

❸ 101가지 팁을 모두 외우지 말고 자주 사용할 팁만 바로 활용해보세요. 나머지 팁은 무엇이 있는지만 알아두었다가 필요할 때마다 책을 꺼내서 활용하세요.

책을 읽다 보면 독자 본인이 자주 사용할만한 팁을 찾을 수 있을 것입니다. 그것을 중점적으로 익혀보세요. 현재에는 불필요한 팁, 특정 상황에서만 필요한 팁 등은 나중에 필요성이 느껴지면 책을 찾아서 활용하면 됩니다. 101가지 팁을 모두 외우거나 익힐 필요가 없습니다.

편집자의 말

PC나 스마트 기기를 사용하면서 활용할 수 있는 유용한 팁을 모아 수록한 책입니다. 독자마다 상황이 달라 필요한 팁과 현재는 필요하지 않은 팁이 있을 수 있습니다. 책을 읽으시면서 필요한 팁을 익히고, 현재 필요하지 않은 팁은 이런 내용이 있다는 것만 알아두신 후 나중에 필요할 때 활용하시면 됩니다. 예를 들어 책에서 소개한 윈도우 설치 방법이나 하드웨어/소프트웨어 문제 해결 방법은 지금 필요하지 않아도 언젠가 반드시 활용할 내용입니다.

업무상 PC를 많이 다루는 회사마다 이 책을 한 권씩 사무실에 비치한다면 실제로 많은 도움이 될 것으로 생각합니다. 꼭 업무 용도가 아니더라도 평소에 PC를 많이 다룬다면 활용할만한 좋은 내용이 많습니다.

여러분들이 컴퓨터를 활용할 때마다 이 책이 많은 도움이 될 수 있기를 기대합니다.

1

업무 효율이 올라가는
단축키 모음팁

업무 효율이 올라가는 단축키 모음팁

컴퓨터는 생각보다 훨씬 스마트한 기계입니다. 우리가 지금까지 잘 몰라서 활용하지 못했던 기능 중에서 키보드 단축키만으로도 활용할 수 있는 도구들을 소개합니다. 익숙해지면 훨씬 더 편하게 컴퓨터를 활용할 수 있습니다.

001 프로그램 설치 없이 가장 빠르게 캡처하기 – 전체 화면 캡처 : `PrtSc` 및 조합키

002 프로그램 설치 없이 원하는 영역만 쉽게 캡처하기 – 부분 화면 캡처 : `⊞` + `Shift` + `S`

003 여러 작업 창을 보기 좋게 정렬하기 – 화면분할 : `⊞` + 방향키

004 마우스 휠로 화면 크기를 확대/축소하기 – 화면 확대/축소 : `Ctrl` + 마우스 휠

005 빠른 입력을 돕는 팔방미인 Tab 키, 100% 활용하기 – 한번에 여러 칸 이동 : `Tab`

006 웹 브라우저에서 새 탭을 빠르게 열기 – 새 탭 열기 : `Ctrl` + `T`

007 웹 브라우저에서 탭을 빠르게 이동하기 – 탭 이동 : `Ctrl` + `Tab`, `Ctrl` + `Shift` + `Tab`

008 웹 브라우저에서 새 창을 빠르게 열거나 닫기 – 새 창 열기/닫기 : `Ctrl` + `N` / `Ctrl` + `W`

009 기록을 남기지 않고 웹 브라우저 사용하기 – 시크릿 모드 : `Ctrl` + `Shift` + `N`

010 이전에 복사했던 데이터를 다시 붙여넣기 – 고급 클립보드 : `⊞` + `V`

001 〈 프로그램 설치 없이 가장 빠르게 캡처하기

전체 화면 캡처 : PrtSc 및 조합키 | 활용분야 : 문서 및 그래픽 작업

지금 보고 있는 화면을 다른 사람들에게 보여주어야 하는 수요는 늘 있었습니다. 인터넷이라면 링크를 공유하는 것으로도 충분하겠지만, 동영상의 순간이나 문서의 한 부분 등을 다른 사람에게 보여주어야 할 때, 원하는 부분을 빠르게 캡처해서 보내는 등 말이죠.

그렇기에 캡처 기능은 다양하게 구현되어 있습니다. 하지만 이번에는 그중에서도 가장 간편하고 강력한 Print Screen 키를 소개해 드릴까 합니다.

Print Screen 키는 키보드 종류에 따라 Print Screen, PrtScn, PrtSc 등으로 표시되어 있습니다. 그 자체만으로 강력한 화면 캡처 기능이 있지만, 여러 단축키와 조합될 경우 더욱 다양한 캡처 방식이 있습니다. 본문에서는 PrtSc로 설명하겠습니다.

❶ 전체 스크린샷 캡처 : PrtSc

화면 전체의 스크린샷을 촬영합니다. 모니터가 2개 이상이더라도, 주 모니터를 기준으로 모두 촬영할 수 있습니다. 윈도우의 경우 별도의 설정을 통해 '창/화면 전체/일정 부분'중 하나를 선택하도록 할 수 있습니다. PrtSc로 스크린샷을 캡처한 경우 사진은 클립보드에 저장됩니다(클립보드 활용에 대한 내용은 010번 팁에서 참고하세요). 즉, 이 사진을 사용하기 위해서는 붙여넣기나 복사 등의 다른 과정을 거쳐야 합니다.

② 전체 스크린샷 캡처 : ⊞ + PrtSc

PrtSc만 사용할 때와 마찬가지로 전체 화면을 캡처합니다. 하지만 ⊞를 함께 누른 경우, 촬영한 스크린샷을 클립보드에도 두고, 별도의 파일로도 저장합니다. 기본 폴더 경로는 '내 문서 〉 사진 〉 스크린샷'입니다.

③ 활성화된 창 캡처 : Alt + PrtSc

현재 선택된, 활성화된 창만 스크린샷을 촬영합니다. 만약 선택한 창이 없다면 PrtSc만 사용할 때와 같은 작업을 수행합니다. 마찬가지로 스크린샷은 클립보드로 들어가므로, 별도의 작업을 수행해야 사진 파일을 저장할 수 있습니다.

위에서 설명한대로 여러 방면으로 강력한 Print Screen 키지만, 아쉽게 다가오는 점도 몇 가지 있습니다. 캡처의 최소 단위가 창이기 때문에 일부분만 필요한 경우 별도의 편집이 필요하다는 점, 마우스 커서까지는 캡처가 불가능하다는 점 등입니다. 하지만 이런 기능도 결국은 수요가 있는 만큼 이미 잘 만들어져 있죠. 과연 어떤 방법일까요?

002 프로그램 설치 없이 원하는 영역만 쉽게 캡처하기

부분 화면 캡처 : ⊞ + Shift + S   활용분야 : 문서 및 그래픽 작업

앞에서 강력한 캡처 기능인 PrtSc 를 소개해 드렸습니다. 하지만 의도치 않은 부분까지 같이 캡처되기도 하는 등, 일부분만을 캡처하기엔 조금 부적합했습니다. 이번에 소개해 드릴 내용은 원하는 영역을 캡처하는 방법입니다.

사실 윈도우의 보조프로그램 중에는 '캡처 도구'라는, 부분 캡처를 지원하는 프로그램이 이미 있습니다. 캡처 후 펜이나 형광펜으로 밑줄을 치는 등의 간단한 후처리까지 가능한 도구입니다. 캡처 도구를 실행하려면 ⊞ (윈도우 키)를 누르고 "캡처 도구"라는 글자를 입력합니다. 캡처 도구 앱이 보이면 Enter↵ 를 누르면 됩니다. ⊞ 를 누르면 시작 메뉴만 뜬다고요? 글자까지 입력하면 캡처 도구 앱이 보입니다.

하지만 이 방법은 여러 번 찾아 들어가야 한다는 불편함이 있고, 단순 캡처를 위해서는 더욱 간편한 단축키가 있습니다. 위의 방법 대신 키보드에서 ⊞ + Shift + S 를 같이 누르게 되면 화면 중앙부 상단에 다음과 같은 배너가 나타납니다. 다음 그림의 아이콘 순서대로 [❶ 선택 영역 캡처(사각형 캡처) / ❷ 자유형 캡처 / ❸ 창 캡처 / ❹ 전체 화면 캡처 / ❺ 캡처 닫기입니다. 이전에는 없던 기능을 살펴볼까요?

❶ 선택 영역 캡처(사각형 캡처)

이 단축키의 의의라고 볼 수 있습니다. PrtSc로는 지원하지 않는 기능이지요. 화면을 드래그하여 만들어 낸 직사각형의 영역을 클립보드에 넣어 주는 기능입니다. 캡처 결과는 다음과 같은 직사각형 형태로 나오게 됩니다.

❷ 자유형 캡처

화면을 드래그하여 만들어 낸 선을 따라 캡처하여 클립보드에 넣어 주는 기능입니다. 캡처 영역은 본인이 그린 선에 따라 달라집니다.

❸ 창 캡처

마우스로 작업 창을 선택하여 캡처할 수 있습니다.

편집 걱정 없이 다양한 방식으로 원하는 부분을 캡처해 보세요!

003 〉여러 작업 창을 보기 좋게 정렬하기

화면분할 : ⊞ + 방향키 | 활용분야 : 컴퓨터 활용 일반

윈도우를 사용하다 보면 여러 작업 창을 열고 일해야 하는 경우가 있습니다. 하지만 이걸 일일이 드래그로 정리해서 한눈에 보이게 하자니 보통 중노동이 아닙니다. 효율적이고 깔끔하게 창들을 배치하는 방법은 없을까요?

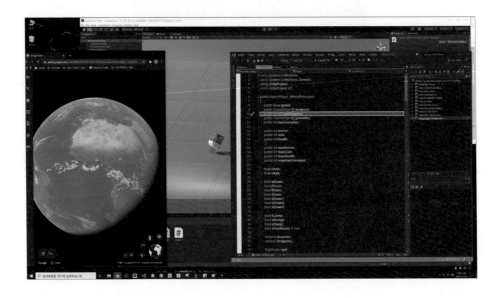

위 그림과 같이 난잡한 화면을 깔끔하게 구성하기 위해 ⊞ + 방향키(화살표키)를 활용해 봅시다. 임의의 창을 선택하고, ⊞를 누른 채로 방향키를 아무 것이나 한 번 누르면 해당 방향을 절반만큼 차지하게 됩니다. 만약 ⊞와 ←를 누른다면 화면의 왼쪽 절반을 채우 겠지요? 이 상태에서 ⊞와 ↑를 한번 더 누른다면 그 창은 이전 크기의 절반만큼 좌측 위쪽을 차지하게 된답니다.

이 상태에서 원하는 창을 고르고 정리를 반복해나가다 보면 다음과 같이 깔끔한 4분할 화면을 구성할 수 있게 됩니다!

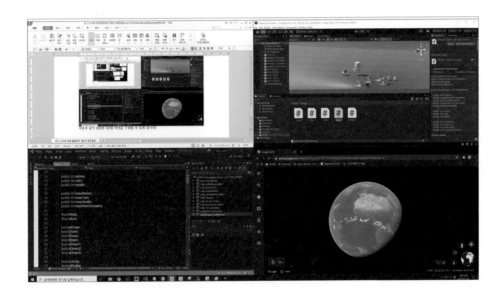

004 〉 마우스 휠로 화면 크기를 확대/축소하기

화면 확대/축소 : Ctrl + 마우스 휠   │   활용분야 : 컴퓨터 활용 일반

탐색기에서 Ctrl을 누른 채로 마우스 휠을 위로 올리면 아이콘이 확대되며, 미디어 파일의
경우 미리보기 화면이 제공됩니다.

확대 전   확대 후

문서 편집기나 파워포인트, 그림판 등 대부분 업무에 활용하는 프로그램에서 Ctrl + 마우스 휠을 활용해 화면을 축소하거나 확대할 수 있습니다.

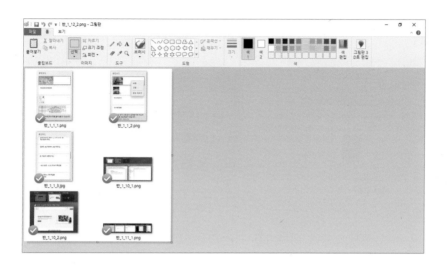

정교한 작업을 수행할 때 또는 글자가 작아서 눈이 피곤할 때 요긴하게 사용할 수 있는 기능입니다. 참고로 그림판의 경우 이미지를 원본 대비 최대 8배까지 확대할 수 있습니다.

웹 브라우저에서 Ctrl을 누른 채로 마우스 휠을 위로 올리면 글자 크기와 이미지 크기를 키울 수 있습니다.

확대 전   확대 후

이 기능은 사진, 동영상 등의 미디어를 조금 더 큰 화면으로 시청하고 싶을 때 활용하면 유용합니다.

반대로 Ctrl을 누른 채로 마우스 휠을 아래로 내리면 화면에 표시되는 자료의 크기가 축소 됩니다. 한 화면에서 더욱 많은 정보를 한눈에 보고 싶을 때 활용하면 좋습니다.

005 ⟨ 빠른 입력을 돕는 팔방미인 Tab 키, 100% 활용하기

한번에 여러 칸 이동 : Tab | 활용분야 : 문서 작업 및 컴퓨터 활용 일반

여러분은 Tab 을 적극적으로 활용하고 있나요? 작업 창을 전환할 수 있는 Alt + Tab 기능은 아마 대부분 알고 있으리라 생각합니다.

한글, 파워포인트, 워드 등 문서 편집 프로그램에서 Tab 을 누르면 공백이 생겨납니다. 이 공백이 Space Bar 와 다른 점은, 항상 일정한 간격을 유지한다는 데에 있습니다.

가나다라	마바사
아자	차카타파하
글자수가달라도	일정한간격이유지됩니다

문서 편집 시 Tab 키를 잘 활용하면 굳이 번거롭게 표를 그리지 않아도 데이터를 질서정연 하게 표현할 수 있어 많은 시간을 절약할 수 있습니다.

웹 브라우저 등의 화면에서 Tab 을 누르면 〈다음〉에 위치한 요소로 커서가 이동합니다. 반대로 Shift + Tab 을 누르면 〈이전〉에 위치한 요소로 커서가 이동합니다. Tab 과 Shift + Tab 을 잘 활용하면 마우스를 전혀 사용하지 않고서도 인터넷 서핑을 즐길 수 있습니다.

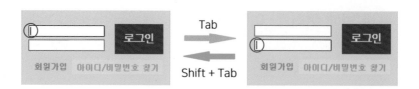

또한 엑셀에서 Tab 을 누르면 오른쪽에 있는 셀이 선택되며, Shift + Tab 을 누르면 왼쪽에 있는 셀이 선택됩니다.

006 웹 브라우저에서 새 탭을 빠르게 열기

새 탭 열기 : Ctrl + T   활용분야 : 웹 브라우징

요즘 웹 브라우저에서 탭을 여러 개 띄워 놓고 작업하는 것이 대세입니다. 하나의 윈도우 창 안에 여러 개의 화면을 묶어둘 수 있어 화면이 깔끔하게 정돈되기 때문입니다.

대부분의 웹 브라우저에서 Ctrl + T를 누르면 탭을 새로 열 수 있습니다.

크롬, 엣지, 웨일 등의 브라우저는 물론 인터넷 익스플로러에서도 작동하는 기능입니다. 여러분의 빠르고 쾌적한 웹 브라우징을 응원합니다.

007 웹 브라우저에서 탭을 빠르게 이동하기

탭 이동 : Ctrl + Tab , Ctrl + Shift + Tab ┃ 활용분야 : 웹 브라우징

웹 브라우저에서 여러 개의 탭을 활용해 작업하던 중, 다른 탭으로 이동해야 할 때 어떻게 하나요? 대부분 사람이 마우스를 활용해 활성화하려는 탭을 클릭하여 탭을 이동합니다.

❶ 다음 탭으로 이동 : Ctrl + Tab

조금 더 간단한 방법을 알려드릴게요. Ctrl + Tab 을 눌러 보세요. 현재 활성화된 탭의 다음 탭으로 화면이 전환됩니다.

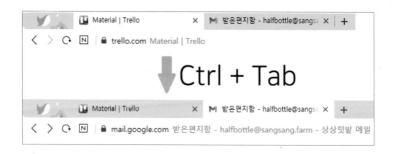

❷ 이전 탭으로 이동 : Ctrl + Shift + Tab

Ctrl + Shift + Tab 을 누르면 현재 활성화된 탭의 이전 순서의 탭으로 화면이 전환됩니다. 즉, Ctrl + Tab 과 Ctrl + W 를 적절히 활용하면 마우스를 활용하지 않고, 순식간에 탭을 이리저리 옮겨 다니며 멀티태스킹을 수행할 수 있습니다.

훨씬 쉽고 편리하게 불필요한 탭을 닫을 수도 있겠지요. 작업 환경을 깔끔하게 관리하는 것이 업무 효율을 위한 첫 단추입니다.

008

웹 브라우저에서 새 창을 빠르게 열거나 닫기

새 창 열기/닫기 : Ctrl + N / Ctrl + W   활용분야 : 웹 브라우징

❶ 새 창 열기 : Ctrl + N

웹 브라우저를 활용하던 중 새로운 창을 실행할 필요성을 느낄 때가 있습니다. 많은 사람은 이때 브라우저를 새로 실행합니다. 하지만 웹 브라우저 사용 중 Ctrl + N 만 누르면 쉽게 새로운 웹 브라우저 창이 실행됩니다. 기본 탭 1개만 활성화되어 있으며, 이전에 사용하던 창과는 독립적으로 작동합니다.

❷ 새 창 닫기 : Ctrl + W

창을 종료할 때는 Alt + F4 를 활용해도 좋습니다만, Ctrl + W 를 활용하는 방법도 있습니다. Ctrl + W 를 활용하면 활성화된 탭이 닫히는데, 만약 브라우저 창에 활성화된 탭이 단 하나뿐이라면 탭과 함께 브라우저 창이 종료됩니다.

009 기록을 남기지 않고 웹 브라우저 사용하기

시크릿 모드 : Ctrl + Shift + N | 활용분야 : 웹 브라우징

요즘 개인정보는 현금과도 같은 자산이라 볼 수 있습니다. 개인정보 유출로 인해 해킹 피해가 발생하기도 하고, 과거의 행적들이 불특정 다수에게 공개되기도 하기 때문이지요.

PPT 발표 중에 인터넷 창을 열었다가 방문 기록이 고스란히 공개되어 곤욕을 치러 보신 적이 있으신가요? 아니면 공공기관 컴퓨터나 타인의 컴퓨터를 사용한 뒤 로그아웃을 깜빡해 보신 적은요?

시크릿 모드를 활용하면 이런 문제를 예방할 수 있습니다. 크롬, 엣지, 웨일 등의 브라우저에서 Ctrl + Shift + N 을 눌러보세요. 평소와 달리 까만색 테마의 창이 실행됩니다.

크롬의 경우

웨일의 경우

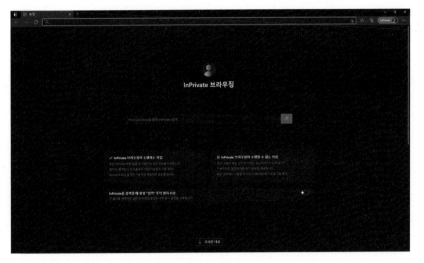

엣지의 경우

시크릿 모드는 우리가 원래 사용하던 인터넷 창과 완전히 격리된 공간입니다. 시크릿 모드에서 작업한 내용은 기록이 남지 않습니다. 종료하는 순간 모든 기록이 증발하기 때문에 타인의 컴퓨터에서 로그인할 때 활용하면 안전합니다. 또한 기존의 인터넷 창에서 사용한 검색 기록이나 로그인 기록이 시크릿 창에 표시되지도 않습니다.

010 〈 이전에 복사했던 데이터를 다시 붙여넣기

고급 클립보드 : ⊞ + Ⓥ | 활용분야 : 회계, 문서 작업, 디자인

만약 컴퓨터의 복사 – 붙여넣기 기능이 사라진다면 어떻게 될까요? 잠시 상상해 봅시다. 전 세계 사무직 종사자들과 디자이너들의 비명이 벌써 들려오는 것 같군요.

컴퓨터로 업무를 처리할 때 복사 – 붙여넣기 기능은 필요한 기능입니다. 대량의 데이터를 다룰 때는 여러 개의 창을 띄워 두고 이리저리 화면을 바꾸며 자료를 복사하는 경우가 많습니다. 디자인이나 설계 작업을 할 때도 마찬가지지요. 여러 종류의 객체를 한 번에 하나씩 복사하고 붙여넣는 작업은 무척이나 고된 일입니다.

붙여넣기 단축키인 [Ctrl] + Ⓥ 대신 ⊞ + Ⓥ를 눌러 보세요. 최근에 클립보드에 복사한 데이터가 최대 20개까지 저장되어 있습니다. 과거의 기록 중 원하는 데이터를 클릭하여 즉시 붙여넣을 수도 있고, 우측 상단의 메뉴 버튼을 클릭하여 해당 데이터를 삭제하거나 고정할 수도 있습니다. 단, 최초 1회 실행 시 기능 활성화를 위한 동의가 필요합니다.

이 기능은 회계 관련 업무나 디자인 관련 업무를 수행하는 분들께 매우 유용합니다. 여러분의 안락하고 쾌적한 작업을 응원합니다.

팁: 다른 장치에 텍스트를 붙여넣을 수 있습니다.
자세한 정보

팁: 더 이상 장치 간에 문자 공유를 위해 자신에게 이메일을 보낼 필요가 없습니다.
더 나은 방법이 있습니다.

2

업무 속도를 높이는
단축키 모음

업무 속도를 높이는 단축키 모음

작업 속도를 훨씬 높여주는 단축키들을 소개합니다. 처음에는 사용하기 불편하지만, 조금만 익숙해지면 훨씬 더 빠른 속도로 업무를 처리할 수 있습니다.

011 모든 작업 창을 한눈에 보기 – 작업보기 : `⊞` + `Tab`

012 모든 작업 창을 한눈에 보기 (노트북 전용) – 작업보기 : 터치패드에서 세 손가락을 위로 밀기

013 단번에 모든 작업 창을 사라지게 하기 – 모든 창 최소화 : `⊞` + `D`

014 프로그램 창과 데스크톱 화면을 빠르게 전환하기

    – 프로그램 창, 가상 데스크톱 전환 : `Alt` + `Tab`, `Ctrl` + `⊞` + `←` / `→`

015 작업표시줄에 고정된 프로그램을 빠르게 실행하기

    – 작업표시줄 프로그램 실행 : `⊞` + 숫자키

016 웹 브라우저에서 탭을 순식간에 전환하기 – n번째 탭으로 전환 : `Ctrl` + 숫자키

017 다른 사람이 사용 못 하게 컴퓨터를 단숨에 잠그기 – 로그아웃 : `⊞` + `L`

018 마우스 우클릭 없이 폴더/파일 이름 간편하게 변경하기

    – 파일 및 폴더 이름 변경 : 파일 또는 폴더 선택 + `F2`

019 자주 쓰는 프로그램을 단축키로 실행하기 – 프로그램 바로 가기 키

011 〉모든 작업 창을 한눈에 보기

작업보기 : ⊞ + Tab | 활용분야 : 멀티태스킹, 문서 작업

저녁에 만날 애인과 카톡으로 약속을 잡고 있었는데, 필요한 문서를 찾으시던 팀장님이 접근해 옵니다. 아차, 머릿속에 잔소리 리믹스가 들려옵니다. 팀장님이 코너를 돌기 2초 전, 마우스에 손을 뻗기는 늦었습니다.

한 번에 많은 창을 켜 두고 일할 때가 있습니다. 특히 무언가를 보면서 문서를 여러 개 작성할 때는 한 프로그램에 여러 문서가 열려 있습니다. 이럴 때면 종종 내가 원하는 프로그램을 찾기가 쉽지 않죠. 그렇다고 하나하나 창을 치워가면서 찾자니 여간 번거로운 것이 아닙니다.

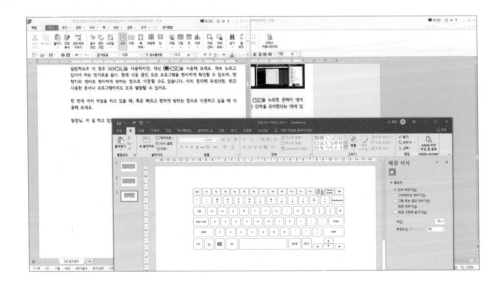

일반적으로 이 경우 [Alt] + [Tab]을 사용하지만, 대신 [■] + [Tab]을 사용해 보세요. 계속 누르고 있어야 하는 번거로움 없이, 현재 사용 중인 모든 프로그램을 편리하게 확인할 수 있으며, 방향키와 엔터키로 편리하게 원하는 창으로 이동할 수도 있습니다. 미리 동의해 두었다면, 최근 사용한 문서나 프로그램까지도 모두 열람할 수 있어요.

한 번에 여러 작업을 하고 있을 때, 혹은 빠르고 편하게 원하는 창으로 이동하고 싶을 때 사용해 보세요.

팀장님, 저 일 하고 있었는데요?

012 〉 모든 작업 창을 한눈에 보기(노트북 전용)

작업보기 :
터치패드에서 세 손가락을 위로 밀기 | 활용분야 : 멀티태스킹

듀얼모니터를 사용하면 동시에 여러 개의 창을 띄울 수 있어 작업 효율이 크게 향상됩니다. 윈도우에는 가상의 모니터를 여러 개 띄울 수 있는 기능이 있다는 사실, 알고 있었나요?

노트북을 사용 중이라면 터치패드를 세 손가락으로 위쪽으로 쓸어올려 보세요. 앞서 배운 ⊞ + Tab 을 활용하셔도 좋습니다.

현재 실행 중인 창의 목록과 함께 상단에 〈새 데스크톱〉이라는 메뉴가 안내됩니다. 이 메뉴를 클릭하면 새로운 가상 모니터를 생성할 수 있습니다. 이 기능을 '가상 데스크톱'이라고 합니다.

문서 편집기, 웹 브라우저, 포토샵 등 여러 프로그램을 한꺼번에 띄워두면 화면이 난잡해져 업무 효율이 오히려 떨어집니다. 〈새 데스크톱〉 기능을 활용하여 여러 개의 데스크톱을 생성해 업무를 정리하세요. 데스크톱 1번에는 문서 편집 프로그램만, 데스크톱 2번에는 웹 브라우저만 올려두는 식으로요.

하나의 데스크톱에서 실행 중인 프로그램은 다른 데스크톱에서 바로 보이지 않고 숨겨져 있습니다. 회사에서 몰래 다른 일을 할 때 사용하면 유용하겠죠?

가상 데스크톱 1

가상 데스크톱 2

013 〈 단번에 모든 작업 창을 사라지게 하기

모든 창 최소화 : ⊞ + D │ 활용분야 : 멀티태스킹

어지러이 작업 창이 늘어져 있는데, 바탕화면에 있는 폴더에서 파일을 찾을 일이 생겼습니다. 그런데 벌려놓은 게 많아서인지 이것저것 닫으려니 손이 많이 갈 것 같네요. 지금 열려 있는 창을 잠시만 전부 닫았다가 다시 켜는 방법은 없을까요?

잠시 바탕화면으로 돌아가고 싶을 때, ⊞ + D를 누르면 열려 있는 모든 창을 최소화할 수 있습니다.

실행 전

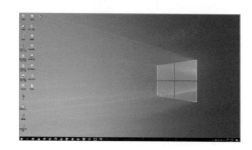

실행 후

이후에 원하는 작업을 한 후 다시 ⊞ + D를 누르면 이전에 닫았던 모든 창을 원상복구할 수 있습니다. 한 번에 여러 작업을 하게 되면 필연적으로 화면이 난잡해질 수밖에 없습니다. 모든 창을 ⊞ + D로 닫고 필요한 창만 ⊞ + Tab으로 여는 등의 응용도 가능하겠죠?

014 프로그램 창과 데스크톱을 빠르게 전환하기

프로그램 창, 가상 데스크톱 전환 :
[Alt] + [Tab], [Ctrl] + [⊞] + [←] / [→]

활용분야 : 멀티태스킹

다른 프로그램 창으로 이동하기 위해 마우스를 사용한다면 실행 중인 프로그램 창을 최소화하고 다른 프로그램을 실행합니다. 이럴 때 빠르게 프로그램 창을 전환하기 위해서는 마우스 대신 [Alt] + [Tab]을 활용합니다. [Alt] + [Tab]은 프로그램 창이 2개일 경우 주로 사용하고, 열려 있는 프로그램 창이 여러 개라면 [Alt]를 누른 상태에서 [Tab]을 여러 번 누르면 활성화할 프로그램 창을 선택할 수 있습니다.

터치패드가 달린 노트북을 사용하고 있다면 손가락 세 개를 이용해 터치패드를 좌우로 천천히 이동해 보세요. [Alt] + [Tab]을 눌렀을 때와 마찬가지로 멀티태스킹 팝업창이 떠오릅니다. 이 상태에서 터치패드를 좌우로 이동하는 것으로 활성화할 창을 선택할 수 있습니다.

손가락 세 개를 이용해 터치패드를 빠르게 이동할 경우 팝업창이 즉시 사라지며 활성화할 창이 즉시 전환됩니다.

또한 [Ctrl] + [⊞] + [←] 혹은 [→]를 눌러보세요. 마치 화면 뒤에 숨겨져 있던 새로운 모니터가 등장하듯이, 작업 중이던 화면이 좌우로 밀려나면서 새로운 화면이 등장합니다. 즉, 가상 데스크톱이 전환된 것입니다.

터치패드가 달린 노트북을 사용 중이라면 네 손가락으로 터치패드를 이동해 보세요. 동일하게 가상 데스크톱 전환 기능을 사용할 수 있습니다.

이렇게 프로그램 창과 데스크톱을 전환하는 꿀팁을 습관으로 만들면 작업 속도가 몰라보게 향상됩니다.

015 작업표시줄에 고정된 프로그램을 빠르게 실행하기

작업표시줄 프로그램 실행 : ⊞ **+ 숫자키(**⓪**~**⑨**)** | 활용분야 : 멀티태스킹, 문서 작업

한글, 카카오톡, 크롬 브라우저, 메모장 등등 우리가 자주 이용하는 프로그램들은 흔히 작업표시줄에 고정으로 달아두곤 하죠. 그럼 이왕 달아둔 거, 클릭도 하지 않고 편하게 사용할 수 있는 방법이 있었으면 좋겠는데 말이죠.

⊞와 숫자키(⓪~⑨)로 해당하는 프로그램을 바로 켤 수 있습니다. 이미 열려 있는 것이 있다면 그 창을, 열린 창이 없다면 새로운 창을 띄워 줍니다. 예시의 그림대로라면 ⊞ + ①은 파일 탐색기, ⊞ + ⑥은 메모장이 되겠군요.

여기에 더불어 Shift까지 조합한다면, 이미 열려 있는 창이 있는지와는 관계없이 항상 새 창을 띄워 줍니다. 여러 문서 작업을 하다가 새 창을 열고 싶을 때 유용하겠지요?

숫자키가 총 10개이니, 좌측에서부터 10개까지(위 작업표시줄 그림에서는 캡처 도구) 지정해서 자유롭게 사용할 수 있습니다.

016 웹 브라우저에서 탭을 순식간에 전환하기

n번째 탭으로 전환 :
Ctrl + **숫자키(**0**~**9**)**

활용분야 : 웹 브라우징

근무시간에 그러면 안 되는데, 일하는 시간엔 딴짓이 왜 이렇게 재밌을까요? 친구가 보내준 게시물이 너무 웃겨서 나도 모르게 터져버렸습니다. 어라, 그런데 좀 크게 웃었을까요? 팀장님이 제 자리로 오시네요. 띄워 둔 창이라곤 웹 브라우저뿐인데.

작업을 하다 보면 순식간에 브라우저 탭이 꽉 차기 마련입니다. 그걸 일일이 클릭하면서 움직이기에는 꽤 번거롭죠. 이럴 때 브라우저를 클릭한 후, Ctrl과 숫자키를 조합하여 움직여보세요.
현재는 1번 탭에는 구글 어스, 5번 탭에는 구글 캘린더, 7번 탭에는 구글 검색창이 열려 있습니다. 여기서 Ctrl + 5를 누른다면 구글 캘린더, Ctrl + 7을 누른다면 구글 검색창으로 이동하겠죠?

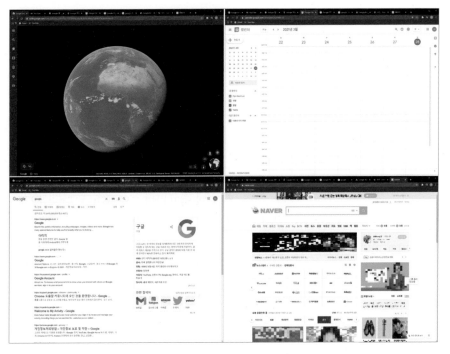

좌측 상단부터 순서대로 `Ctrl` + `1`, `Ctrl` + `5`, `Ctrl` + `7`, `Ctrl` + `9`

다만 주의할 점이 있습니다. 작업 표시줄은 0부터 9까지 10개의 프로그램을 선택할 수 있었고, 그 뒤의 프로그램은 선택하지 못했던 것 기억하나요? 브라우저 탭 단축키의 경우에는 1부터 8까지 총 8개의 탭만 자유롭게 이동할 수 있고, `Ctrl` + `9`는 열려 있는 브라우저의 가장 마지막 탭으로만 이동할 수 있어요.

아쉽게도 `Ctrl` + `0`은 탭을 이동하는 키가 아니라 페이지의 배율을 100%로 돌리는, 전혀 다른 단축키랍니다. 사용에 유의하세요!

인터넷에서 여러 자료를 한 번에 열람해야 할 때, 브라우저 탭 단축키는 여러 번 클릭할 부담을 줄여주는 좋은 기능입니다.

팀장님, 저 진짜 일 하고 있었는데요?

017 〉 다른 사람이 사용 못 하게 컴퓨터를 단숨에 잠그기

로그아웃 : ⊞ + Ⓛ │ 활용분야 : 보안

공공장소에서 잠시 화장실을 다녀올 때, 누군가 내 컴퓨터나 노트북을 건드리지는 않을까 불안할 때가 있습니다. 그렇다고 띄워 놓은 창을 다 끄기는 너무 번거롭고, 화면보호기가 나타날 때까지 기다리기에는 뭔가 손해 보는 느낌입니다. 간편하게 로그아웃을 하고 컴퓨터를 지킬 방법이 없을까요?

이런 상황이 있을 때 ⊞ + Ⓛ을 눌러 보세요. 그 즉시 컴퓨터가 잠기면서 계정 선택과 비밀번호를 요구하는 인증 화면으로 넘어갑니다. 다만 비밀번호가 설정되지 않았다면 인증 화면이 나오지 않습니다. 비밀번호를 새로 설정하기 원한다면 024번 팁을 참고하세요.

이제는 자리를 비울 때도 간편하게 내 노트북을 지키세요. 단축키 한 번으로도 컴퓨터를 잠글 수 있으니 이제 안심이겠지요?

018 마우스 우클릭 없이 폴더/파일 이름 간편하게 변경하기

파일 및 폴더 이름 변경 : 파일 또는 폴더 선택 + F2

활용분야 : 파일 및 폴더 관리

문서를 새로 작성하다가, 파일들을 분류하다가, 이미 지어둔 파일 이름을 바꾸어야 하는 순간이 왕왕 있습니다. 하지만 그럴 때마다 마우스 우클릭을 하고, 이름 바꾸기를 찾아 클릭하는 것도 은근히 번거롭습니다. 특히 한 번에 여러 파일의 이름을 바꾸는 경우라면 여간 귀찮은 게 아니죠.

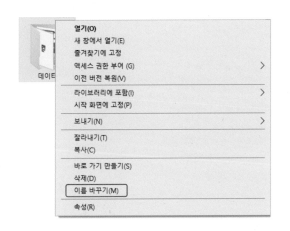

그나마 윈도우를 많이 다뤄본 분이라면 파일을 선택한 다음 마우스 우클릭 후 M으로 이름 바꾸기를 하는 사람도 있을 것입니다. 또한 마우스로 파일을 선택한 다음 다시 한번 파일을 클릭하면 이름 바꾸기를 할 수 있습니다.

하지만 두 방법 모두 모든 파일을 한 번씩 클릭해야 한다는 부담이 남아 있죠.

그런데 파일이든 폴더든 선택만 되어 있다면, 심지어 방향키로 접근한 경우라도 한 번에 이름을 바꾸는 기능으로 진입할 수 있습니다. 선택한 상태로 F2를 눌러 보세요. 선택해 둔 새 폴더에서 바로 이름을 바꾸도록 편집 창이 생기는 것을 확인할 수 있습니다.

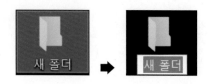

이름을 바꿔야 할 폴더가 이렇게 많더라도 일일이 클릭하는 대신 F2 키를 활용한다면 금세 작업을 끝내버릴 수도 있지 않을까요?

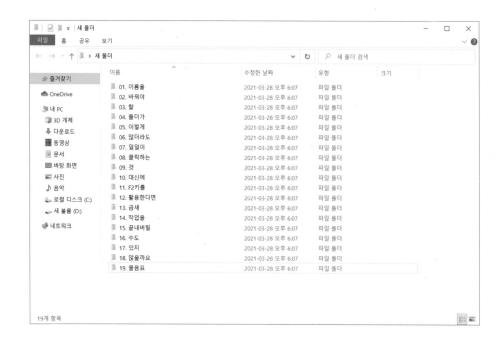

019 〉자주 쓰는 프로그램을 단축키로 실행하기

프로그램 바로 가기 키 | 활용분야 : 컴퓨터 활용 일반

지금까지 윈도우 활용도를 높여주는 유용한 단축키들을 알아봤습니다. 원래 무슨 분야든 익숙해질 무렵이 되면 커스터마이징을 하고 싶은 법입니다.

컴퓨터로 업무를 하다 보면 매일 신세를 지게 되는 프로그램들이 있습니다. 이번에는 여러분이 자주 쓰는 유용한 프로그램을 단축키에 등록하여, 순식간에 불러오는 방법을 배워 보도록 하겠습니다. 다만 이 단축키는 바로 가기에만 적용된다는 것을 명심하세요. 테스트를 위해 카카오톡을 단축키에 등록해 보겠습니다.

단축키에 등록하려는 프로그램의 실행 아이콘을 마우스 오른쪽 버튼으로 클릭하고, 〈속성(R)〉을 클릭합니다.

〈바로 가기 키(K)〉 항목의 값이 현재는 〈없음〉으로 세팅되어 있습니다. 〈없음〉이라 기재된 흰색 영역을 클릭한 뒤, 여러분이 원하는 단축키를 입력합니다. 예시로 `Ctrl` + `Shift` + `K`를 입력해 보겠습니다.

〈없음〉으로 기재되어 있던 항목의 값이 방금 입력한 단축키로 변경되어 있습니다. 〈확인〉을 눌러 창을 닫아줍니다.

이제 앞에서 입력한 단축키를 입력하면 카카오톡이 실행됩니다. 여러분이 자주 쓰는 프로그램을 단축키로 등록하여 보세요. 문서 편집기, 계산기, 캡처 도구, 메모장 등 자주 사용하지만 금방 창을 닫게 되는 프로그램에 적용하면 업무가 한결 수월해집니다.

알고 계셨나요?

한 손만으로도 입력할 수 있는 단축키가 있는 반면, 양손 모두가 필요한 단축키도 있다는 사실, 알고 계셨나요? Ctrl + C 와 같은 단축키가 대표적인 한 손 단축키이며 Ctrl + N 과 같은 단축키가 양손 모두를 필요로 하는 단축키입니다.

일반적으로 양손 모두를 필요로 하는 단축키보다는 한 손만 사용해서 작동시킬 수 있는 단축키가 사용 빈도가 높고, 작업 효율 향상에 직접적으로 도움이 되는 경우가 많습니다. 한 손 단축키는 오른손으로 마우스 작업을 수행하는 도중에도 활용할 수 있도록 설계되어 있기 때문입니다. 반면 양손을 모두 필요로 하는 단축키는 비교적 사용 빈도가 낮거나 효율 증대보다는 작업 수행 자체에 목적이 있는 경우가 많습니다.

아직 단축키 활용이 낯설다면 한 손으로도 사용할 수 있는 단축키 위주로 공부해 보시기를 추천합니다. 보다 직접적으로 삶의 질 향상을 느끼실 수 있을 테니 말입니다.

3

IT

알아두면 쓸모있는
윈도우 기본 기능들

알아두면 쓸모있는 윈도우 기본 기능들

우리가 몰랐던 정말 유용한 기능들이 윈도우 곳곳에 숨어있다는 사실, 알고 있나요? 윈도우가 가진 새로운 매력에 눈을 뜨시면 마치 새 컴퓨터를 구매한 듯한 설렘을 느낄 수 있습니다. 이게 정말 내가 사용하던 컴퓨터가 맞나요?

020 중요한 폴더나 파일을 숨기기

폴더/파일 숨김 | 활용분야 : 컴퓨터 활용 일반

인생을 살아가다 보면 남들 몰래 혼자 간직하고 싶은 파일이 생기는 법입니다. 주로 청소년기에 이런 욕구가 생겨나기 시작하는 것이 일반적입니다. 그렇다면 소중한 동영상, 아니 파일을 숨기려면 어떻게 해야 할까요? 예시를 위해 작업 중인 이 책의 원고 파일을 숨겨 보겠습니다.

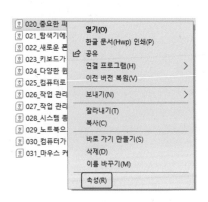

먼저 숨기려는 파일을 마우스 오른쪽 버튼으로 클릭한 후 〈속성(R)〉을 클릭합니다.

메뉴 하단부의 〈숨김(H)〉에 체크를 하고 〈확인〉을 클릭합니다. 탐색기에서 파일이 더 이상 보이지 않을 것입니다.

탐색기 상단의 〈보기〉 메뉴를 클릭하고 〈숨긴 항목〉 메뉴를 체크하면 반투명한 형태로 숨겨진 파일이 보이게 됩니다. 체크를 해제하면 다시 파일이 사라져 눈에 보이지 않게 됩니다.

파일 숨김을 해제하려면 해당 파일의 속성 메뉴로 들어가서 〈숨김(H)〉 항목의 체크를 해제하면 됩니다.

021 ⟨ 탐색기에서 파일 내용을 미리보기

미리 보기 창 │ 활용분야 : 컴퓨터 활용 일반

대량의 사진 파일이 저장된 폴더에서 원하는 사진을 찾아내는 작업은 무척이나 번거롭습니다. 작업을 조금 진행하다 보면 파일을 일일이 클릭해서 내용물을 확인하는 대신 파일명을 외워버리는 편이 더 쉽다고 하소연하는 분들도 있습니다.

이번 팁은 이미지 파일을 주로 다루시는 분들께 도움이 될 것 같습니다. 사진이 저장된 폴더로 이동하여 상단의 〈보기〉 메뉴를 클릭해주세요,

상단 메뉴 좌측의 〈미리 보기 창〉을 클릭합니다. 그리고 아무 파일이나 하나 클릭해 봅니다. 짜잔. 화면 우측 공간에 사진 파일의 내용물이 표시됩니다.

아래 그림과 같이 이미지 파일 뿐만 아니라 한글, 워드, pdf 등 문서 파일도 미리보기가 가능합니다.

많은 파일을 다루느라 고생했던 나날들이여, 이제는 안녕!

022 ⟩ 새로운 폰트 설치해보기

글꼴(폰트) 설치 | 활용분야 : 문서 작업

기본 폰트로도 다양한 문서 작업을 하는 데에는 지장이 없습니다. 하지만 심미적인 이유로, 혹은 거래처에서 사용하는 폰트와의 호환성을 위해 새로운 폰트를 설치해야 하는 경우가 비교적 자주 발생합니다. 지금부터 컴퓨터에 새로운 폰트를 설치하는 방법을 배워봅시다.

❶ 설치하려는 폰트 다운로드

이 책에서는 네이버의 나눔글꼴(https://hangeul.naver.com/font)을 설치하는 방법을 예시로 살펴보겠습니다. 나눔글꼴은 무료로 사용할 수 있도록 공개된 폰트입니다. 폰트를 다운로드합니다.

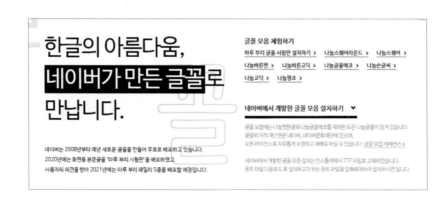

❷ 압축 풀기

설치하려는 폰트 파일의 압축을 풀어줍니다. 혹시 압축파일이 아니라 바로 TTF 또는 OTF 파일을 다운로드했다면 이번 단계를 건너뛰어도 좋습니다. 나눔글꼴을 설치할 경우 총 33개의 파일이 제공됩니다.

이름	수정한 날짜	유형	크기
NanumBarunGothic.ttf	2018-03-06 오후 4:24	트루타입 글꼴 파일	4,088KB
NanumBarunGothicBold.ttf	2018-03-06 오후 4:17	트루타입 글꼴 파일	4,313KB
NanumBarunGothicLight.ttf	2018-03-06 오후 4:24	트루타입 글꼴 파일	4,803KB
NanumBarunGothicUltraLight.ttf	2018-03-06 오후 4:17	트루타입 글꼴 파일	4,710KB
NanumBarunGothic-YetHangul.ttf	2014-09-17 오후 6:52	트루타입 글꼴 파일	5,934KB
NanumBarunpenB.ttf	2014-09-30 오전 9:49	트루타입 글꼴 파일	9,794KB
NanumBarunpenR.ttf	2014-09-30 오전 9:49	트루타입 글꼴 파일	10,776KB
NanumBrush.ttf	2010-10-15 오전 11:13	트루타입 글꼴 파일	3,658KB
NanumGothic.ttf	2016-10-24 오후 4:12	트루타입 글꼴 파일	4,582KB
NanumGothicBold.ttf	2016-10-24 오후 4:13	트루타입 글꼴 파일	4,534KB
NanumGothicCoding.ttf	2010-08-03 오전 11:16	트루타입 글꼴 파일	2,262KB
NanumGothicCodingBold.ttf	2010-08-03 오전 11:16	트루타입 글꼴 파일	2,194KB
NanumGothicEcoR.ttf	2020-05-06 오후 5:23	트루타입 글꼴 파일	7,602KB
NanumGothicExtraBold.ttf	2016-10-24 오후 4:14	트루타입 글꼴 파일	4,421KB
NanumGothicLight.ttf	2011-10-07 오후 5:06	트루타입 글꼴 파일	1,488KB
NanumMyeongjo.ttf	2014-09-25 오후 1:07	트루타입 글꼴 파일	3,750KB

❸ 폰트 파일 하나씩 설치하기

설치하려는 폰트 파일을 더블클릭합니다. 폰트의 적용예시를 보여주는 화면이 등장합니다. 상단의 〈설치(I)〉 메뉴를 클릭하면 폰트가 컴퓨터에 설치됩니다.

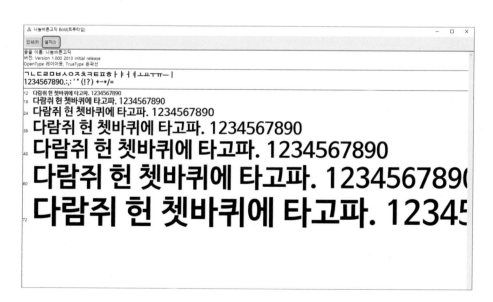

❹ 여러 폰트 한번에 설치하기

탐색기에서 설치하려는 폰트 파일들을 한꺼번에 선택합니다. Ctrl + A 를 활용하면 편리합니다. 폰트 파일들이 선택된 상태에서 마우스 오른쪽 버튼을 클릭하면 〈설치(I)〉라는 메뉴가 활성화됩니다. 이 메뉴를 클릭하면 여러 개의 폰트를 한꺼번에 설치할 수 있습니다.

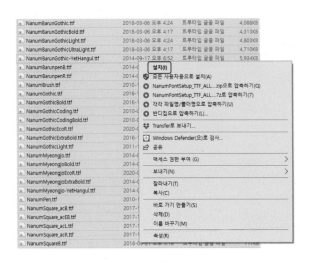

설치 후에 문서를 편집하던 프로그램을 종료하고 재시작하면 새로 설치한 폰트를 활용할 수 있습니다. 단조로운 기본 폰트를 벗어나 새로운 느낌의 폰트를 사용할 수도 있습니다.

친근한 한글의 손맛
나눔손글씨

CHAPTER 3

023 키보드가 먹통일 때 키보드 없이 입력하기

화상 키보드 | 활용분야 : 컴퓨터 활용 일반

간혹 키보드가 고장 나거나 선이 빠져서 사용하기 곤란한 경우가 있습니다. 혹은 직장 내에서 자리를 이동하는 과정에서 마우스만 연결된 채로 컴퓨터를 사용해야 할 때도 있고요. 이럴 때 유용하게 활용할 수 있는 화상 키보드 기능을 소개합니다.

⊞를 누르고, "화상 키보드"라는 글자를 입력합니다. 화상 키보드 앱이 검색되었다면 Enter↵를 눌러 줍시다.

모니터 화면에 키보드 창이 새롭게 생겨납니다. 이 창에서 원하는 키를 클릭하면, 마치 키보드로 타이핑한 것처럼 입력이 컴퓨터에 전달됩니다. 화상 키보드 기능이 있다면 마우스만 갖고도 컴퓨터를 활용할 수 있습니다.

화상 키보드 기능을 활용하면 현재 어떤 키를 입력하고 있는지 시각적 자료로 볼 수도 있습니다. 화상 키보드가 활성화된 상태에서 실제 키보드 버튼을 누르면, 화면에서 해당 버튼에 해당하는 키 색깔이 파란색으로 표시됩니다.

고객 안내용 키오스크 등을 점검할 때 특히나 유용합니다. 기기를 분해하여 USB 포트를 찾아내어 키보드를 입력하는 것은 너무 불편하므로 대부분 키오스크 점검 시에는 화상 키보드를 활용합니다.

코엑스 등지에 설치된 안내용 키오스크의 경우, 화면 좌측 상단을 터치한 채로 손가락을 슬라이드하면 시작 메뉴가 팝업되어 화상 키보드를 실행할 수 있게 됩니다. 따라서 공공 기관이나 회사에서 키오스크를 관리하는 부서는 반드시 화상 키보드 기능을 인지하고 이를 차단해 두어야 합니다.

추 가 활 용 TIP

네이버나 구글에서는 검색창 우측의 키보드 아이콘을 클릭하면 바로 화상 키보드를 실행할 수 있습니다.

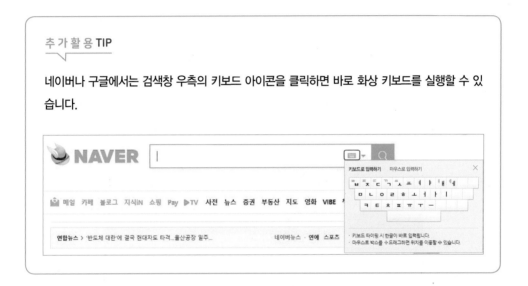

024

보안과 편의성을 고려하여 다양한 방식으로 윈도우 로그인하기

로그인 설정 | 활용분야 : 컴퓨터 활용 일반

여러분은 윈도우에 로그인할 때 어떤 보안 옵션을 사용하고 있나요? 아무런 비밀번호를 설정해 두지 않는 사람도 있고, 간단한 암호나 핀번호를 설정한 사람도 있을 것입니다.

이번에는 로그인 옵션을 변경하는 방법을 알아보겠습니다. ⊞를 누르고 "로그인 옵션"을 입력해 주세요. 로그인 옵션 메뉴가 검색되었다면 Enter 를 눌러 줍시다.

이 로그인 옵션에서는 로그인과 관련한 다양한 옵션이 제공됩니다. 사용 중인 컴퓨터나 디바이스에 카메라가 있다면 얼굴인식을 사용할 수 있습니다. 지문 판독기가 있다면 지문으로 로그인할 수도 있고요. 여러분의 취향에 맞는 로그인 옵션을 선택하기 바랍니다.

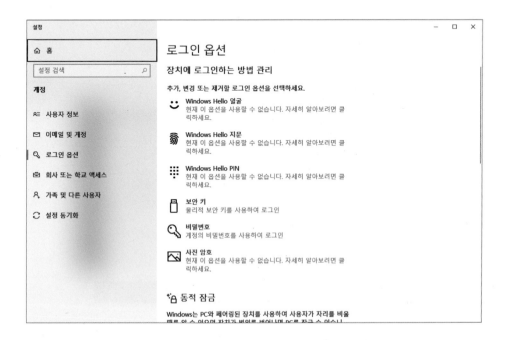

위 그림 하단에 있는 〈동적 잠금〉 역시 재미있는 기능입니다. 동적 잠금 기능을 활용하면 여러분이 작업을 하다가 화장실을 가거나 식사를 하기 위해 자리를 이탈하면 자동으로 컴퓨터가 잠금모드로 전환됩니다. 보안을 중요하게 생각하는 분에게 추천합니다.

025 컴퓨터로 전화하고 문자메시지 주고받기

사용자 휴대폰 | 활용분야 : 컴퓨터 활용 일반

카카오톡 PC 버전은 매우 편리합니다. 스마트폰으로 온 메시지를 컴퓨터에서도 확인할 수 있으니 말입니다. 그러면 혹시 문자메시지를 컴퓨터에서 확인하는 방법은 없을까요? 물론 그런 편리한 방법이 있습니다!

❶ 사용자 휴대폰 실행

⊞를 눌러 "사용자 휴대폰"을 입력해 실행합니다.

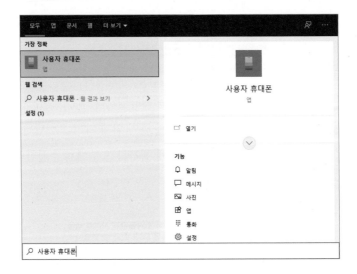

❷ 디바이스 추가

사용하는 스마트폰 기종에 따라 안드로이드와 아이폰을 선택해 줍니다.

❸ 애플리케이션 설치

화면의 안내를 따라 스마트폰에 전용 애플리케이션을 설치합니다. 설치가 완료되었다면
〈예, 사용자 휴대폰 도우미 설치를 마쳤습니다.〉에 체크합니다.

❹ QR 코드 스캔

〈QR 코드 열기〉 메뉴를 클릭합니다.

화면에 QR코드가 뜹니다. 방금 휴대폰에 설치한 〈Your phone Companion〉 앱을 실행하여 QR 코드를 스캔합니다.

❺ 스마트폰에서 설정 마무리

스마트폰에서 권한 액세스를 허용하면서 설정을 마무리합니다. 작업이 모두 끝났다면 PC로 돌아와 〈완료〉 버튼을 클릭합니다.

❻ 연결 허용

잠시 뒤 스마트폰에서 연결을 허용할 것인지 물어보는 알림창이 생성됩니다. 〈허용〉을 누르면 모든 작업이 끝납니다.

연동을 위한 작업이 모두 완료되었습니다. 이제 컴퓨터에서 스마트폰의 알람, 문자메시지, 사진을 확인할 수 있습니다. 또한 컴퓨터로 문자메시지를 발송하거나 전화를 걸 수도 있습니다.

026 } 작업 관리자 100% 활용하기 1

프로세스 관리 | 활용분야 : 컴퓨터 활용 일반

갑자기 컴퓨터가 느려져 답답하셨던 경험이 있나요? 먹통이 된 프로그램을 종료하고 싶은데 말을 듣지 않아 고생하셨다고요? 이제는 작업 관리자를 활용해 이런 위기 상황을 탈출해 보자고요.

Ctrl + Shift + Esc를 눌러 작업 관리자를 실행합니다.

최초 실행 시 위 그림과 같이 소박한 화면이 뜰 것입니다. 위 창에 기재된 프로그램 중 일부를 종료하고 싶다면 이 정도로도 충분합니다. 종료하려는 프로그램을 클릭한 뒤, 우측하단의 〈작업 끝내기(E)〉를 누르면 됩니다.

하지만 많은 경우 이 창에 노출되지 않는 다른 프로그램들이 컴퓨터를 느리게 만들곤 합니다. 〈자세히(D)〉를 눌러 조금 더 상세히 들여다보겠습니다.

화면이 조금 더 복잡해졌습니다. 〈프로세스〉 탭으로 들어와 주세요. 〈프로세스〉 탭에서는 현재 컴퓨터에서 실행 중인 프로그램의 목록을 확인할 수 있습니다.

우측의 CPU, 메모리, 디스크, 네트워크 등의 항목도 살펴보기를 바랍니다. CPU 항목에 높은 숫자가 기재된 프로그램이 있다면, 현재 그 프로그램 때문에 컴퓨터가 느려진 상태라고 봐도 무방합니다.

반면 현재 메모리가 100%에 가까울 정도로 높은 수치를 보여주고 있다면, 컴퓨터에 메모리(RAM)를 추가로 설치하거나 컴퓨터 사용 습관을 바꾸실 필요가 있습니다. 동시에 너무 많은 프로그램을 함께 켜 두거나 인터넷 탭을 너무 많이 켜 두는 등의 습관이 컴퓨터에 부담을 주고 있을 가능성이 큽니다. 사용하지 않는 탭과 프로그램은 꺼 두는 습관을 가집시다.

앞의 그림을 살펴보면 현재 116개의 백그라운드 프로세스가 실행 중인 것을 알 수 있습니다. 나도 모르는 사이에 100개가 넘는 프로그램이 돌아가고 있었다니, 컴퓨터가 왜 느려졌는지 알 것 같군요!

여기서 사용하지 않는 프로그램을 하나씩 클릭하고 〈작업 끝내기(E)〉를 누르면 프로그램이 강제로 종료됩니다. 먹통이 되어 말을 듣지 않는 프로그램이나, 사용하지 않음에도 불구하고 실행 중인 프로그램들을 하나씩 강제종료하면 컴퓨터 성능 향상에 도움이 됩니다.

027 작업 관리자 100% 활용하기 2

시작프로그램 관리 | 활용분야 : 컴퓨터 활용 일반

컴퓨터가 켜질 때 함께 실행되는 프로그램을 시작프로그램이라고 부릅니다. 시작프로그
램이 너무 많이 등록되어 있으면 컴퓨터가 느려집니다. 사람도 아침에 눈을 뜨자마자 힘
든 일을 하라고 한다면 몹시 버거워하는 것처럼요.

작업 관리자를 활용해 불필요한 시작프로그램을 제거하는 방법을 알아봅시다. Ctrl +
Shift + Esc 를 눌러 작업 관리자를 실행합니다. 그리고 상단 메뉴 중 〈시작프로그램〉을 클
릭합니다.

대단히 많은 프로그램이 등록되어 있습니다. 이 중에서 우리는 〈상태〉를 살펴보면 됩니다. 〈상태〉가 "사용"으로 표시된 프로그램들은 컴퓨터가 실행될 때 함께 실행됩니다. 〈상태〉 메뉴를 클릭해 봅시다.

이름	게시자	상태	시작 시 영향
AhnLab Safe Transaction A...	AhnLab, Inc.	사용	낮음
CrossEX Service	iniLINE Co., Ltd.	사용	낮음
Dropbox	Dropbox, Inc.	사용	높음
Google Drive	Google, Inc.	사용	높음
googledrivesync.exe		사용	높음
KakaoTalk	Kakao Corp.	사용	높음
AcroTray	Adobe Systems Inc.	사용 안 함	없음
Adobe GC Invoker Utility	Adobe Systems, Incorp...	사용 안 함	없음
Adobe Updater Startup Util...	Adobe Systems Incorpo...	사용 안 함	없음
AnySign For PC	HANCOM SECURE Inc.	사용 안 함	없음
CCXProcess.exe		사용 안 함	없음
Cortana	Microsoft Corporation	사용 안 함	없음
Creative Cloud Desktop	Adobe Inc.	사용 안 함	없음
EPSON Status Monitor 3	SEIKO EPSON CORPOR...	사용 안 함	없음

(작업 관리자 창: 파일(F) 옵션(O) 보기(V) / 프로세스 성능 앱 기록 시작프로그램 사용자 세부 정보 서비스 / 마지막 BIOS 시간: 21.0초 / 간단히(D) / 사용 안 함(A))

정렬 기준이 바뀌면서 상태가 "사용"으로 표시된 프로그램들만 상단에 모입니다. 이 중에서 굳이 컴퓨터가 켜질 때 자동으로 실행될 필요가 없는 프로그램들을 선택하여 마우스 우클릭하고, 〈사용 안 함(A)〉을 클릭하여 정리합니다.

불필요한 시작프로그램을 최대한 줄이고 나면 한번 재부팅해보기 바랍니다. 컴퓨터가 훨씬 가벼워진 것이 체감될 것입니다.

028 예약된 시간에 컴퓨터를 자동 종료하기

시스템 종료 예약 | 활용분야 : 컴퓨터 활용 일반

"2시간 뒤에 컴퓨터가 종료되면 좋겠다."

이런 생각을 해본 적이 있으신가요? 파일 다운로드나 영상 인코딩이 2시간 정도만 있으면 완료될 것 같은데 퇴근시간까지는 5분이 남은 상황을 생각해봅시다. 컴퓨터를 그냥 켜 두고 퇴근하자니 전기세를 낭비한다고 핀잔을 들을 것 같습니다. 그렇다고 고작 컴퓨터를 종료하기 위해 2시간 초과근무를 하는 것은 말이 되지 않습니다.

우리가 설정한 만큼 시간이 흐르면 컴퓨터가 자동으로 종료되도록 시스템 종료를 예약하는 방법을 알려드리겠습니다.

❶ 실행(R) 창 열기

⊞ + R 를 눌러 실행 창을 불러옵니다.

❷ 명령 프롬프트 열기

실행 창에 "cmd"를 입력하고 Enter⏎를 칩니다.

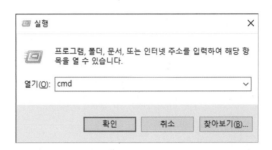

까만색 창이 뜹니다. 겁먹지 않아도 좋습니다.

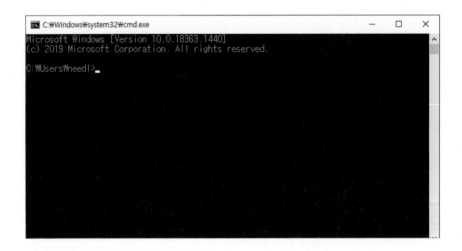

❸ 종료 예약 명령어 입력하기

까만 창에 아래 명령어를 입력합니다. 오타가 나서는 안 됩니다.

shutdown −s −t 3600

앞의 명령어는 3600초(60분) 뒤에 컴퓨터를 종료하라는 명령어입니다. 3600 대신에 다른 숫자를 입력하는 것으로 시스템 종료 시점을 결정할 수 있습니다. 30분(1800초) 뒤에 컴퓨터를 종료하려면 아래와 같이 명령어를 수정합니다.

shutdown −s −t 1800

종료 시점을 초 단위로 입력하면 됩니다. 준비가 끝났다면 Enter↵를 누릅니다.

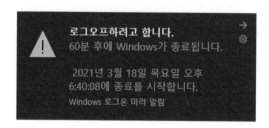

모니터 우측 하단에 알림창이 뜹니다. 시스템 종료가 정상적으로 예약되었습니다.

❹ 시스템 종료 예약 취소하기

컴퓨터가 종료되기 전에, CMD 창을 열고 아래 명령어를 입력합니다.

shutdown /a

Enter↵를 입력하면 모니터 우측 하단에 아래와 같은 팝업창이 떠오르며 시스템 종료 예약이 취소됩니다.

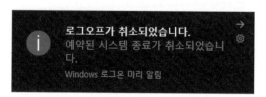

029 〉 유선랜에 연결된 노트북으로 와이파이 공유기 만들기

노트북으로 Wi-Fi 핫스팟 만들기 | 활용분야 : 컴퓨터 활용 일반

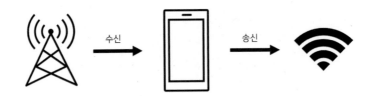

스마트폰의 핫스팟은 무척이나 유용한 기능입니다. 스마트폰은 기지국으로부터 신호를 수신합니다. 그리고 스마트폰 내부에 있는 와이파이 모듈이 신호를 와이파이 형태로 변환하여 송출합니다. 와이파이 모듈은 와이파이 신호를 수신하는 용도로도 사용되지만, 와이파이 신호를 생성해서 송신하는 용도로도 쓸 수 있습니다.

노트북에도 와이파이 모듈이 들어있습니다. 따라서 노트북으로도 와이파이 신호를 생성하여 주변에 뿌리는 것이 가능합니다. 다만 와이파이 모듈은 신호를 송신하는 데 사용되어야 하므로 노트북이 유선랜으로 인터넷에 연결되어 있어야 합니다. 지금부터 노트북으로 핫스팟을 만드는 방법을 소개하겠습니다.

* 무선 랜 카드가 장착된 데스크톱 PC로도 가능한 방법입니다.

❶ CMD 창을 관리자 권한으로 실행

⊞를 누른 다음 "cmd"를 입력합니다. 명령 프롬프트 앱이 검색될 것입니다. 화면 우측의 〈관리자 권한으로 실행〉 메뉴를 클릭합니다.

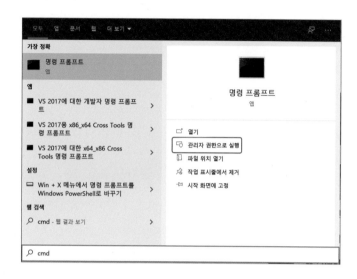

❷ 드라이버 확인

컴퓨터가 와이파이 신호를 송신할 수 있는 상태인지 확인해야 합니다. 까만 창에 아래 명령어를 입력하고 엔터키를 누릅니다.

netsh wlan show drivers

앞의 그림과 같이 "호스트된 네트워크 지원 : 예"라는 문구가 기재되어 있다면 이 컴퓨터는 핫스팟을 생성할 수 있는 컴퓨터입니다. 만약 "아니요"가 기재되어 있다면 아쉽지만, 그 컴퓨터로는 이번 꿀팁을 사용할 수 없습니다.

❸ SSID와 비밀번호 설정

SSID는 와이파이 이름을 의미합니다. 와이파이 이름과 비밀번호를 설정하겠습니다. 아래 명령어를 CMD 창에 입력합니다.

netsh wlan set hostednetwork mode=allow ssid=〈**SSID**〉 key=〈**비밀번호**〉

예를 들어 ssid를 "myWifi"로 설정하고 비밀번호를 "12345abcd"로 설정하고 싶다면 아래와 같이 명령어를 수정하면 됩니다. 이때 비밀번호의 길이는 8자 이상 63자 이하로 설정해야 합니다.

netsh wlan set hostednetwork mode=allow ssid=**myWifi** key=**12345abcd**

입력이 완료되었다면 Enter↵를 눌러줍니다. 아래와 같은 메시지가 보인다면 정상적으로 와이파이 설정이 완료되었습니다.

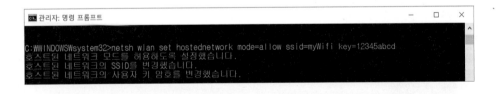

❹ 핫스팟 실행

아래 그림처럼 CMD 창에 아래 명령어를 입력하면 핫스팟이 실행됩니다.

netsh wlan start hostednetwork

❺ 핫스팟 종료

핫스팟을 종료하려면 CMD 창에 아래 명령어를 입력하면 됩니다.

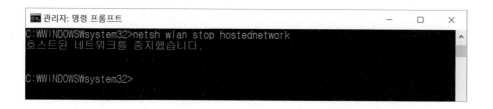

❻ 와이파이 신호 확인

다시 핫스팟을 실행하고 스마트폰에서 신호가 잡히는지 확인해 봅니다.

우리가 방금 만든 신호가 스마트폰에서 정상적으로 잡히는 것을 확인할 수 있습니다. 하지만 아직 작업이 끝난 것이 아닙니다. 이 와이파이에 접속해도 인터넷에 연결이 되지 않을 것입니다. 마무리 작업이 필요합니다.

❼ 네트워크 설정 화면 접속

작업 표시줄 구석에 보면 인터넷 연결 상태를
보여주는 아이콘이 있습니다. 이 아이콘을 마
우스 오른쪽 버튼으로 클릭하고 〈네트워크 및
인터넷 설정 열기〉를 클릭합니다.

메뉴 하단의 〈어댑터 옵션 변경〉을 클릭합니다.

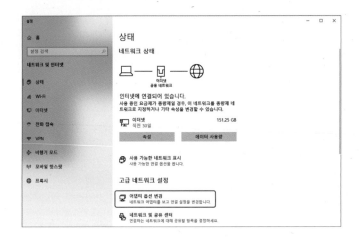

❽ 어댑터 설정

어댑터 설정 메뉴에서 〈이더넷〉 아이콘을 찾
습니다. 〈이더넷〉 아이콘을 마우스 오른쪽 버
튼으로 클릭하고 〈속성(R)〉을 클릭합니다.

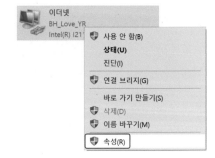

〈공유〉 탭으로 들어가 〈다른 네트워크 사용자가 이 컴퓨터의 인터넷 연결을 통해 연결할 수 있도록 허용(N)〉 메뉴를 체크합니다. 이후 〈홈 네트워킹 연결(H)〉 메뉴를 클릭한 다음, 아래 메뉴를 잘 살펴봅니다.

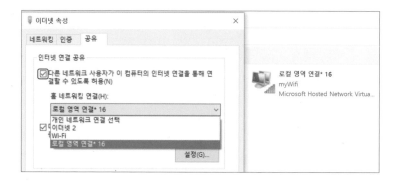

우리가 앞서 CMD 창으로 만들었던 와이파이의 SSID가 기억나시나요? 로컬 영역 연결 아이콘들을 살펴보면 SSID가 기재된 아이콘이 있을 것입니다. 위 그림에서는 〈로컬 영역 연결*16〉 아이콘에 〈myWifi〉라는 이름이 기재되어 있습니다. 이 항목을 선택하면 됩니다.

위 그림에서는 〈myWifi〉가 기재되어 있던 〈로컬 영역 연결*16〉을 선택하겠습니다.

이후 〈확인〉을 눌러 메뉴를 종료합니다.

⑨ 완료!

인터넷 설정이 완료되었습니다. 이제 노트북에서 핫스팟을 만들어 인터넷을 마음껏 사용할 수 있습니다.

어댑터 설정은 최초 1회만 하면 됩니다. 이후에는 CMD 창에서 "netsh wlan start hostednewtork" 명령어를 실행하는 것으로 즉시 핫스팟을 실행할 수 있습니다.

030 ⟩ 전원 공급을 조절해 컴퓨터 성능을 높이거나 노트북을 오래 사용하기

전원 설정 | 활용분야 : 컴퓨터 설정

사람은 힘든 운동이나 일을 하고 나면 배가 고파집니다. 일하는데 에너지를 많이 소모했기 때문에 보충이 필요해지는 것이지요. 밥을 든든하게 먹지 않으면 피곤해서 일을 제대로 할 수 없기도 하고요. 일을 열심히 하려면 에너지가 많이 필요합니다.

컴퓨터도 마찬가지입니다. 컴퓨터가 열심히 일하려면 많은 양의 전기를 필요로 합니다. 컴퓨터에 충분한 전력을 제공하지 못한다면 컴퓨터가 제대로 일을 하지 못하게 되겠지요. 그런데 대부분 컴퓨터는 전기를 절약하도록 설정되어 있습니다. 사람으로 치면 항상 밥을 약간 덜 먹은 상태로 일하는 셈입니다.

컴퓨터가 전기를 더 많이 먹을 수 있도록 설정을 변경하면 컴퓨터의 성능이 더 올라가지 않을까요? 컴퓨터의 전원 설정을 변경하는 방법을 알아보겠습니다.

를 누르고 "제어판"을 입력합니다. 제어판 메뉴 로딩이 완료되면 Enter↵를 누릅니다.

〈하드웨어 및 소리〉 메뉴를 클릭합니다.

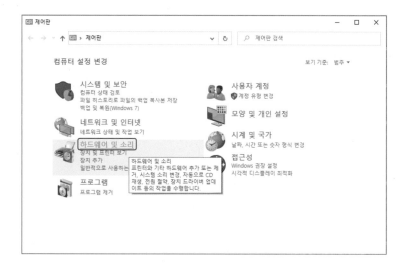

〈전원 옵션〉 메뉴를 클릭합니다.

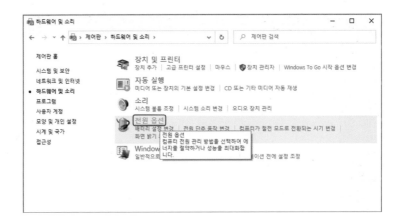

〈전원 관리 옵션 선택 또는 사용자 지정〉에서 어떤 메뉴에 체크되어 있는지 확인합니다.
윈도우 기본 설정은 〈균형 조정(권장)〉입니다.

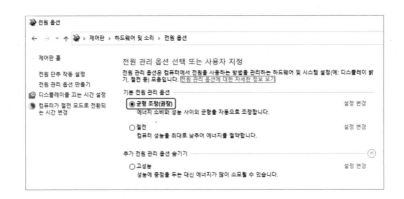

〈추가 전원 관리 옵션〉 메뉴를 펼쳐서 〈고성능〉을 선택하면 컴퓨터가 전기를 마음껏 먹
을 수 있게 됩니다. 숨겨뒀던 힘을 드러내어 본연의 성능을 마음껏 펼치게 되는 것이지요.
반면 노트북을 사용하는 데 배터리가 너무 빨리 닳아서 고민인 분들은 〈절전〉을 선택하
면 사용 시간을 늘릴 수 있습니다.

031 〉 마우스 커서를 포함하여 캡처하기

단계 레코드 / 모니터 화면 캡처 | 활용분야 : 문서 및 그래픽 작업

우리는 지금까지 많은 캡처 방법을 알아보았습니다. [PrtSc]로 캡처해 보고, 캡처 도구도 사용해 보고, [⊞] + [Shift] + [S]로 선택 영역을 캡처하는 법까지 다양하게 써 봤지요. 하지만 이제까지 캡처한 것은 화면뿐이고, 화면에 마우스 커서를 포함한 캡처는 아직 해보지 못했습니다. 지금부터는 마우스 커서를 클릭하는 시점을 포착하는 캡처를 진행해 보도록 하겠습니다.

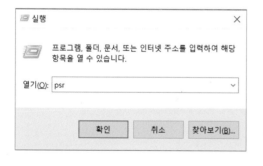

우선 [⊞] + [R]로 실행 창을 열어 줍니다. 그리고 'psr'이라는 명령어를 입력한 후, 확인을 눌러 봅시다.

'단계 레코더'라는 프로그램이 나왔습니다. 마치 동영상을 녹화할 것 같은 비주얼이지만 다행히 영상을 촬영하는 프로그램은 아닙니다. 〈녹화 시작〉 버튼을 눌러 녹화를 진행해 보겠습니다.

모든 작업이 끝나고 나면 다음과 같은 결과가 나오는데, 이 결과물을 클릭해서 확대해 보면, 캡처본에 마우스 커서가 들어가 있음을 확인할 수 있습니다!

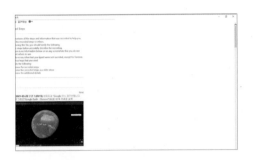

스크린샷을 저장하기 위해 저장을 눌러주면, 압축파일로 저장을 할 수 있습니다.

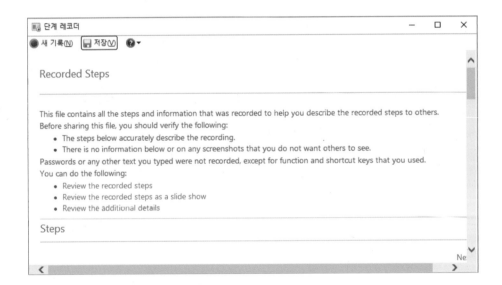

이 압축파일을 풀어보면 'mht'라는 확장자를 가진 파일이 들어있습니다. 이것을 실행하면, 엣지 브라우저로 연결되면서 스크린샷들을 확인할 수 있습니다. 여기서 각 사진을 우클릭해 저장할 수 있습니다.

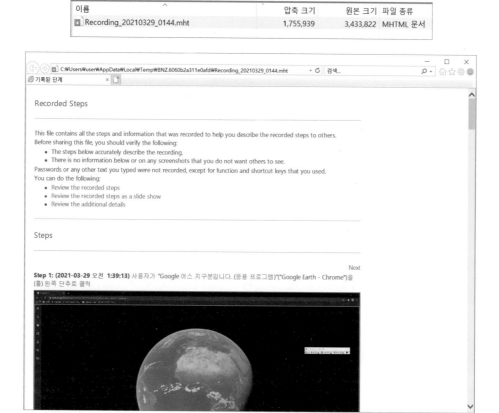

비록 전체 화면으로만 캡처할 수 있고 다소 불편한 점도 있지만, 외부 프로그램을 사용하지 않고 커서를 포함한 스크린샷을 촬영할 수 있다는 점에서는 큰 장점이 있습니다. 혹은 psr을 이용해 캡처한 화면을 선택 영역 캡처로 다시 캡처하는 등의 응용도 가능합니다.

CHAPTER

4

문서 작업의 달인이 되고 싶다면,
MS 오피스/한글 꿀팁

문서 작업의 달인이 되고 싶다면, MS 오피스/한글 꿀팁

우리가 회사에서 가장 많이 사용하는 프로그램이 바로 MS 오피스와 한글 아닐까요? 여러분의 직무 능력을 화끈하게 끌어올릴 비법들을 아낌없이 알려드립니다. 그리고 무료로 사용할 수 있는 MS 오피스와 한컴오피스를 대체할만한 프로그램들도 소개합니다.

032 〈 PPT 파일이 폰트 때문에 저장이 안 될 때 해결하기

글꼴 바꾸기

활용분야 : 문서 작업

지원 프로그램 : 파워포인트

공동작업을 하다 보면 다른 사람이 제작한 PPT 파일을 편집해야 하는 경우가 자주 생깁니다. 그런데 배려심이 부족한 동료가 제작한 PPT 파일은 다른 사람의 컴퓨터에서 제대로 작동하지 않는 경우가 많습니다.

왼쪽과 같이 "프레젠테이션에 저장할 수 없는 글꼴이 있습니다."라는 에러창이 뜰 때 대처하는 방법을 소개합니다. 이 문제는 남들이 보편적으로 사용하지 않는 특이한 폰트를 사용하여 작성된 문서에서 발생합니다. 창에 기재된 폰트를 컴퓨터에 설치하여 문제를 해결할 수도 있지만 번거롭지요.

파워포인트 프로그램 상단 메뉴에서 〈홈〉을 클릭하고, 메뉴 중 오른쪽에 있는 〈바꾸기〉 아이콘을 클릭해 메뉴를 활성화합니다. 그리고 〈글꼴 바꾸기(O)〉를 클릭합니다.

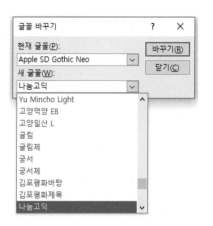

〈글꼴 바꾸기〉 팝업창이 떠오릅니다. 〈현재 글꼴(P)〉을 선택하여 바꾸려는 글꼴을 선택합니다. 이후 〈새 글꼴(W)〉 메뉴를 클릭해서 폰트를 선택하고 〈바꾸기(R)〉 버튼을 누르면 파일 내에 있는 부적합 글꼴을 한번에 변경할 수 있습니다.

〈글꼴 바꾸기〉 도구를 활용해서 오류가 생기는 글꼴을 모두 변경하여 제거하면 파일이 에러 없이 정상적으로 저장됩니다.

033 〉 워드 파일의 폰트가 이상하게 보일 때 해결하기

글꼴 바꾸기 | 활용분야 : 문서 작업
지원 프로그램 : 워드

간혹 내가 정성을 기울여 제작한 문서가 팀장님 컴퓨터에서 열어보면 엉망진창으로 깨져 있는 경우가 있습니다. 반대로 분명히 일 처리를 잘하기로 소문난 직원이 보내 준 파일이 내 컴퓨터에서는 이상하게 보일 수도 있습니다. 특히 컴퓨터에서 작성된 문서를 스마트폰에서 열어볼 때 이런 문제가 자주 발생합니다.

내 PC에서 작성된 문서	상대방 PC에서 보이는 문서
Lorem ipsum dolor sit amet, consectetur adipisicing elit, sed do eiusmod tempor incididunt ut labore et dolore magna aliqua. Ut enim ad minim veniam, quis nostrud exercitation ullamco laboris nisi ut aliquip ex ea commodo consequat. Duis aute irure dolor in reprehenderit in voluptate velit esse cillum dolore eu fugiat nulla pariatur. Excepteur sint occaecat cupidatat non proident, sunt in culpa qui officia deserunt mollit anim id est laborum.	Lorem ipsum dolor sit amet, consectetur adipisicing elit, sed do eiusmod tempor incididunt ut labore et dolore magna aliqua. Ut enim ad minim veniam, quis nostrud exercitation ullamco laboris nisi ut aliquip ex ea commodo consequat. Duis aute irure dolor in reprehenderit in voluptate velit esse cillum dolore eu fugiat nulla pariatur. Excepteur sint occaecat cupidatat non proident, sunt in culpa qui officia deserunt mollit anim id est laborum.

문서 파일을 만들 때 사용된 폰트가 문서를 열어보는 컴퓨터에 설치되어 있지 않기 때문에 발생하는 문제입니다. 스마트폰에는 폰트가 많이 설치되어 있지 않기 때문에 이런 문제가 더욱 자주 발생하는 것이고요.

문서를 열어보는 컴퓨터는 해당 폰트가 PC에 설치되어 있지 않으므로, PC에 설치되어 있는 다른 폰트를 사용하여 글자를 표현합니다. 모든 폰트는 글자 간의 간격이나 문자의 크기 등이 조금씩 달라서 의도치 않은 줄 바꾸기가 들어가고 불필요한 여백이 발생하며 문서의 서식이 깨지게 됩니다.

줄글로 된 데이터는 폰트가 깨지더라도 읽을 수는 있습니다만, 표로 작성된 문서에서 이런 문제가 발생하면 글자가 겹쳐지거나 글자 일부가 화면에 표시되지 않아 정보가 제대로 전달되지 않습니다.

사실 파일을 제작한 사람이 신경을 써서 문제가 발생하지 않도록 조치하는 것이 최선입니다만, 이미 전달받은 파일을 열어서 내용을 확인하고 편집해야 하는 사람들을 위한 대처 방법을 소개해 드립니다.

워드 프로그램 상단 메뉴바의 〈홈〉 메뉴를 클릭하고 우측의 〈바꾸기〉 메뉴를 클릭합니다.

팝업창 하단의 〈자세히(M)〉 버튼을 클릭합니다.

하단의 〈서식(O)〉 메뉴를 클릭하고 〈글꼴(F)〉을 선택합니다.

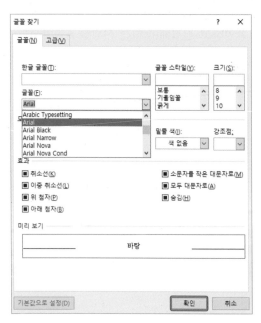

〈글꼴 찾기〉 팝업창에서 〈글꼴(F)〉을 클릭한 뒤, 바꾸려는 글꼴을 선택합니다. 현재 문서에 글꼴 문제가 있는 상황이므로 현재 문서를 작성하는 데 사용한 글꼴로 선택해 줍니다. 선택이 완료되었다면 〈확인〉 버튼을 클릭합니다.

〈찾기 및 바꾸기〉 창의 상단부 〈찾을 내용(N)〉 항목에 방금 선택한 글꼴이 입력되었습니다.

이번에는 〈바꿀 내용(I)〉 우측의 텍스트 상자를 클릭한 다음, 〈서식(O)〉 → 〈글꼴(F)〉을 차례로 누릅니다. 그리고 〈글꼴 바꾸기〉 창에서 〈글꼴(F)〉 메뉴를 클릭하고, 여러분이 원하는 폰트를 선택한 뒤 〈확인〉 버튼을 눌러 줍니다.

〈찾을 내용(N)〉과 〈바꿀 내용(I)〉에 모두 글꼴이 지정된 모습입니다. 이제 〈모두 바꾸기(A)〉를 누르면 문서 파일 내에 있는 폰트를 한꺼번에 변경할 수 있습니다.

다른 사람이 만든 문서 파일을 편집할 때 폰트가 깨지는 상황에서 활용하면 유용합니다.

034 { 다른 PC에서 오피스 문서를 열 때 폰트 문제가 없도록 저장하기

글꼴 포함 저장 | 활용분야 : 문서 작업

지원 프로그램 : 워드, 파워포인트, 엑셀

앞서 파워포인트 파일과 워드 파일에서 발생할 수 있는 폰트 문제들과 해결 방법을 살펴 봤습니다. 사실 문서 파일을 제작한 사람이 약간만 신경을 써 주면 폰트와 관련된 문제는 발생하지 않습니다. 이번에는 폰트 문제가 발생하지 않도록 예방하는 방법을 소개합니다.

파워포인트(ppt), 워드(docx), 엑셀(xlsx) 등 마이크로소프트 오피스 파일을 저장할 때 하단의 〈도구(L)〉 메뉴를 클릭하고 〈저장 옵션(S)〉을 선택합니다.

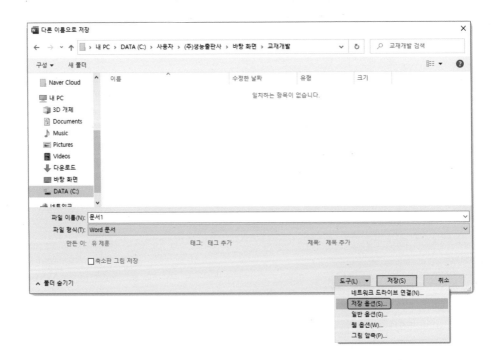

좌측의 〈저장〉 메뉴를 클릭하고 메뉴 하단의 〈다음 문서를 공유할 때 정확도 유지(D)〉 탭을 확인합니다. 〈파일의 글꼴 포함(E)〉 탭을 체크합니다.

이때 〈문서에 사용된 문자만 포함(파일 크기가 줄어듦(C)〉 메뉴를 체크하면 다른 사람이 문서를 정상적으로 읽을 수는 있지만, 편집하지 못하게 됩니다. 공동작업을 할 때는 반드시 이 항목의 체크를 해제하기 바랍니다.

마지막으로 〈확인〉 버튼을 누른 다음 파일 저장을 마무리하면 됩니다.

위 과정을 통해 폰트 파일이 문서 내부에 내장됩니다. 다른 컴퓨터에서 문서를 실행할 때, 문서 파일에 내장된 폰트를 불러와 글지를 표현하게 되므로 폰트와 관련된 에러가 발생하지 않게 되는 것입니다.

한글(hwp) 파일의 경우 폰트를 문서에 내장하려면 새로운 스타일을 만들고, 스타일을 내보내기를 하는 과정이 필요합니다. 굉장히 번거로운 작업이므로 협업을 할 때는 한글 기본 내장 폰트만 사용하여 편집하는 것을 추천합니다.

035 〈 문서 파일의 용량을 대폭 축소하여 저장하기

문서 파일 용량 축소 | 활용분야 : 문서 작업

지원 프로그램 : 워드, 파워포인트, 한글

공공기관에 문서 파일을 제출하거나 이메일로 문서를 전송할 때 용량 제한에 걸리는 경우가 간혹 발생합니다. 서버 측의 부담을 완화하기 위해 저용량 파일만 주고받을 수 있도록 제약을 걸어 둔 것입니다. 또한 문서 파일의 용량이 너무 커서 업로드/열람/편집할 때 시간이 오래 걸리기도 합니다.

하지만 이것 때문에 힘들게 작성한 문서의 일부를 삭제하기는 어렵습니다. 문서 파일의 내용을 보존하면서 용량을 줄이는 방법을 알려드리겠습니다.

문서 파일에서 텍스트가 차지하는 용량은 사실 아주 작은 편입니다. 줄글을 아무리 열심히 이어붙이더라도 파일의 용량이 드라마틱하게 증가하지 않습니다. 문서의 용량 대부분을 차지하는 것은 사실 문서 파일 내부에 삽입된 이미지 파일입니다.

일반적으로 이미지 파일은 고화질일수록 용량이 크고, 저화질일수록 용량이 줄어듭니다. MS 오피스와 한글 문서는 이미지 화질을 떨어뜨려 문서의 용량을 축소하는 기능을 제공합니다. 지금부터 하나씩 살펴보도록 하겠습니다.

PPT 파일이나 워드 파일 등 MS 오피스 파일을 〈다른 이름으로 저장〉 기능으로 저장합니다. 이때 메뉴 상단의 〈추가 옵션〉을 클릭하거나, 좌측의 〈찾아보기〉 메뉴를 클릭하면 아래 그림과 같은 팝업창을 볼 수 있습니다. 여기서 하단의 〈도구(L)〉 메뉴를 클릭하고 〈그림 압축(C)〉 메뉴를 선택합니다.

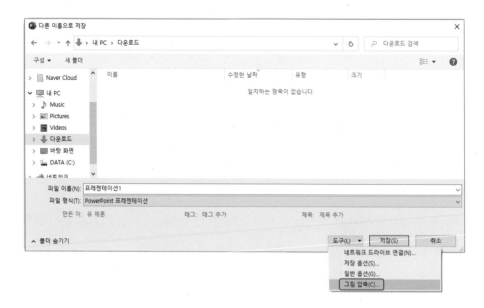

〈그림 압축〉 팝업창에서 〈잘려진 그림 영역 삭제(D)〉에 체크하고, 하단에서 그림 해상도를 선택합니다. PPI는 DPI와 동일한 개념으로, Chapter 9의 [090 이미지 파일을 인쇄하면 화질이 깨져요 - DPI] 팁에서 상세히 설명하겠습니다.

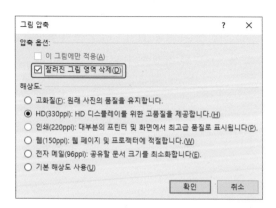

PPI 숫자가 낮을수록 이미지가 저화질로 저장되며, 용량도 함께 줄어든다는 사실만 기억하면 됩니다. 해상도를 선택하셨다면 〈확인〉 버튼을 누른 다음 파일을 저장하면 됩니다. 파일의 용량이 줄어들었을 것입니다.

한글(hwp) 파일의 경우 조금 더 간편하게 용량을 줄일 수 있습니다. 상단의 〈파일(F)〉 메뉴를 클릭하고 〈모바일 최적화 문서로 저장하기(B)〉 메뉴를 선택하면 이미지와 데이터 일부가 압축되며 용량이 줄어듭니다.

문서 파일의 용량을 축소하는 과정에서 이미지 해상도가 감소한다는 사실을 명심하기 바랍니다. 경우에 따라 화질이 심하게 훼손되어 문서의 품질이 매우 낮아질 수 있으므로 주의가 필요합니다.

036 PPT 디자인을 인공지능으로 자동 생성하기

디자인 아이디어 | 활용분야 : 문서 작업

지원 프로그램 : 파워포인트(Microsoft 365 전용)

파워포인트 프로그램이 나날이 발전하고 있습니다. 인공지능이 자동으로 디자인을 도와주는 〈디자인 아이디어〉라는 도구를 소개합니다. 단, 이 기능은 Microsoft 365(구 Office 365) 가입자에게만 제공되는 기능입니다.

파워포인트 슬라이드를 그럴싸하게 만든 다음 상단 메뉴 중 〈디자인〉 → 〈디자인 아이디어〉를 클릭합니다. 우측에 AI가 추천하는 디자인 예시들이 등장합니다. 하나를 골라 보겠습니다.

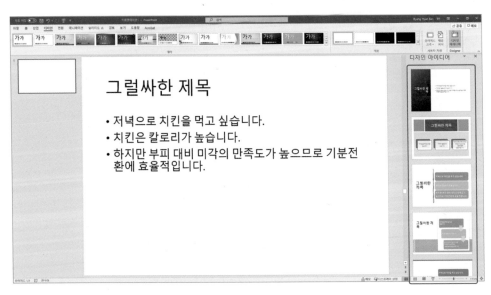

뭔가 그럴싸하긴 하지만 아직 약간 부족한 것 같습니다. 이 기능은 사진을 함께 사용할 때 빛을 발합니다.

적당한 이미지와 적당한 글자를 입력해 봤습니다. 그리고 〈디자인 아이디어〉 기능을 활용하면 아래와 같이 매우 준수한 디자인을 AI가 자동으로 만들어줍니다.

어떤가요? 앞서 살펴본 예시와 달리 트렌디한 감성이 느껴지지 않나요? 이외에도 단순히 사진만 나열해도 멋진 디자인을 뽑아낼 수 있습니다.

모델들의 사진을 대충 나열해 봤습니다. 여기에 디자인 아이디어를 적용한 결과는 아래와 같습니다.

어떤가요? 마치 카탈로그나 브로셔 혹은 웹페이지처럼 예쁘게 사진이 정돈되었습니다. 사진을 활용한 디자인 작업이나 브로셔를 제작할 때도 파워포인트의 디자인 아이디어 기능을 사용하면 멋진 디자인을 순식간에 끝마칠 수 있습니다.

037 PPT 발표 시 현재 화면, 다음 화면, 스크립트를 동시에 보기

발표자 보기 모드 | 활용분야 : 컴퓨터 활용 일반

지원 프로그램 : 파워포인트

학교에서, 직장에서, 심사회에서. PPT 발표는 항상 떨리고 두려운 일입니다. 남들 앞에서 실수 없이 내용을 소개해야 하며 일정 부분 과시도 필요한 행위이기 때문이지요. PPT 발표를 조금 더 수월하게 할 수 있도록 도와주는 기능을 알려드리겠습니다.

파워포인트의 상단 메뉴 중 〈슬라이드 쇼〉를 클릭하고 〈발표자 보기 사용〉에 체크합니다.

그리고 F5를 눌러 슬라이드 쇼를 실행합니다. 컴퓨터에 모니터가 2개 이상 연결되어 있다면 발표자 보기 모드를 즉시 확인할 수 있습니다. 메인 모니터에는 슬라이드가 전체 화면으로 떠오르고, 보조 모니터에는 현재 슬라이드와 다음 슬라이드, 그리고 슬라이드 노트에 적어 둔 스크립트를 볼 수 있습니다.

빔프로젝터 화면 　　　　　　　　　　　　　　모니터 화면

슬라이드 노트에 미리 스크립트를 적어 뒀다면 발표자 보기 모드를 실행해 화면을 보며 스크립트를 읽기만 해도 그럭저럭 괜찮은 발표를 할 수 있습니다. 다음 슬라이드의 내용도 미리 볼 수 있으므로 훨씬 전문적인 발표를 할 수 있게 되지요. 그 외에 현재 슬라이드가 몇 번째 슬라이드인지, 시간은 얼마나 흘렀는지 등의 정보도 표시됩니다.

만약 발표장에 섰는데 빔프로젝터에서 발표자 보기 모드가 실행되고 컴퓨터에서 슬라이드가 표시되는 상황이라면 침착하게 모니터를 전환하면 됩니다. 모니터를 전환하고 싶다면 발표자 보기 메뉴 상단의 〈디스플레이 설정〉 버튼을 누르고 〈발표자 보기 및 슬라이드 쇼 바꾸기(S)〉 버튼을 클릭합니다. 메인 모니터와 보조 모니터의 내용물이 바뀝니다.

컴퓨터에 모니터가 한 대만 연결되어 있거나 보조 모니터와 〈복제〉 모드로 연결된 경우 발표자 보기를 실행하려면 우선 슬라이드쇼를 실행한 뒤, 마우스 오른쪽 버튼을 클릭해 〈발표자 보기 표시(R)〉 메뉴를 선택하면 됩니다. 실전 발표보다는 예행 연습을 할 때 훨씬 더 유용한 기능입니다.

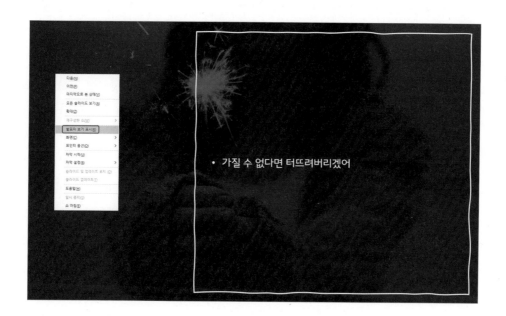

038 〉 파워포인트에서 이미지 배경을 쉽게 지우기

배경 제거 | 활용분야 : 문서 작업
지원 프로그램 : 파워포인트

그림 작업을 할 때 가장 귀찮은 일 중 하나를 꼽으라고 한다면 저자는 망설임 없이 클립아트 배경을 제거하는 일이라고 대답할 겁니다. 특히 포토샵처럼 이러한 작업에 특화된 프로그램을 쓰기 어려운 환경이라면 더더욱 절망적이죠. 그런데 흔히 사용하는 파워포인트로 배경을 제거할 수 있다면 어떨까요?

아래에 보이는 이 그림은 하얀 배경에 의해 뒤의 직사각형이 가려진 형태입니다. 지금부터 파워포인트를 이용하여 이 그림의 배경을 없애고 필요한 부분만 얻어 보도록 하겠습니다.

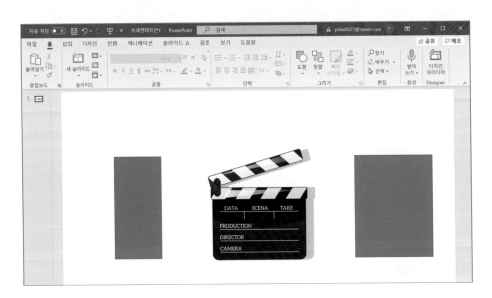

파워포인트에 그림을 삽입하고, 〈그림 서식〉 → 〈배경 제거〉 버튼을 누릅니다. 그러면 다음과 같은 화면이 보일 것입니다. 여기서 자주색 영역은 나중에 배경으로 취급되어 지워질 영역, 나머지 영역이 남을 영역입니다.

파워포인트가 알아서 지워 준 부분 중에도 우리가 필요한 부분이 있으므로, 보관할 영역 표시 버튼을 누른 후 해당 영역을 가볍게 칠해 줍니다.

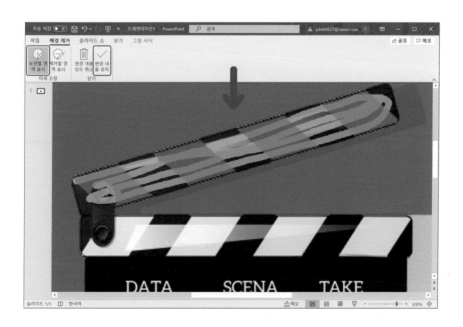

최종적으로 마무리가 되면 '변경내용 유지' 버튼을 눌러 마무리합니다.

다른 도형이 뒤에 있어도 배경에 의해 가려지지 않는 것을 확인할 수 있습니다.

039 작성한 한글 파일이 손상되거나 삭제되었을 때 복구하기

한글 HWP 임시 파일 복구

활용분야 : 문서 작업

지원 프로그램 : 한글

한글 파일을 편집하다가 컴퓨터가 강제종료되거나 프로그램에 랙이 걸려 작업이 강제로 중단되는 경우가 있습니다. 한글에는 자동 저장 기능이 내장되어 있어 여러분이 모르는 사이 주기적으로 문서 파일을 따로 저장해 둡니다. 작업이 갑작스레 중단되더라도 침착하게 한글을 다시 실행하면, 최근까지 작업했던 임시 파일이 로딩되며 편집을 이어갈 수 있습니다.

반_5_6_PPT 달인으로 만
들어드립니다, 발표자 보
기 모드!.asv

반_5_6_PPT 달인으로 만
들어드립니다, 발표자 보
기 모드!.hwp

위 그림의 오른쪽 파일은 이 책의 원고 파일이며 왼쪽 파일은 자동으로 생성된 임시 저장 파일입니다. 임시 저장 파일의 경우 확장자가 .asv로 설정되어 있습니다. 이 임시 파일을 불러와 편집을 계속하는 방법은 크게 두 가지가 있습니다.

❶ 한글에서 불러오기

한글을 실행하고 상단 〈파일(F)〉 → 〈불러오기(O)〉 기능을 활용해 임시 파일을 불러와 바로 편집할 수 있습니다.

❷ 임시 파일의 확장자 변환

임시 파일의 확장자를 asv에서 hwp로 변환하면 즉시 한글에서 실행 가능합니다.

040 〉 문서 인쇄 시 다양한 기능을 활용하기

인쇄 옵션 │ 활용분야 : 프린터 설정

컴퓨터로 문서를 프린트할 때, 인쇄하려는 문서와 용지에 따라 설정을 달리하면 좋다는 사실을 알고 계시나요? 프린터 설정을 활용하여 여러분의 인쇄 라이프를 조금 더 윤택하게 만드는 방법을 알려드리겠습니다. 먼저 아래 ❶~❸은 대표적인 3가지 프로그램에서 〈프린터 설정〉에 들어가기 위한 방법을 소개합니다. 아래 나오는 인쇄 창들은 단축키인 Ctrl + P로 쉽게 실행할 수도 있습니다. 이후 구체적인 프린터 설정 방법을 소개하겠습니다.

❶ 한컴오피스 한글의 경우

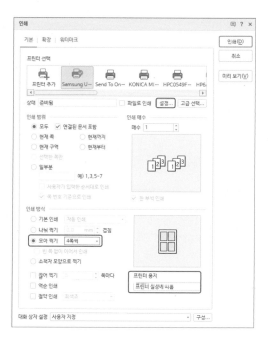

한컴오피스 한글의 인쇄 창을 보면 〈설정(U)〉이라는 메뉴가 있습니다. 이 메뉴를 클릭하면 〈프린터 설정〉으로 이동할 수 있습니다.

참고로 하단의 〈모아 찍기〉에서는 종이 한 면에 한 페이지를 인쇄할지 또는 여러 페이지를 인쇄할지 선택할 수 있습니다. 또한 〈프린터 용지〉에서 인쇄할 용지 크기도 선택할 수 있습니다.

❷ MS 오피스 워드의 경우

MS 오피스 워드의 경우 〈인쇄〉 메뉴에서 〈프린터 속성〉을 클릭하면 〈프린터 속성〉으로 이동할 수 있습니다.

참고로 하단의 메뉴에서 양면/단면, 용지 크기, 한 면에 여러 페이지 인쇄 등을 선택할 수 있습니다.

❸ 크롬 브라우저의 경우

크롬의 경우 인쇄 창을 보면 하단에 〈설정 더보기〉 메뉴가 있습니다.

이 메뉴를 클릭하면 왼쪽 그림처럼 인쇄 창이 확장되는 데 하단의 〈시스템 대화상자를 사용하여 인쇄... (Ctrl+Shift+P)〉 메뉴를 클릭합니다.

참고로 〈컬러〉 옵션을 통해 컬러/흑백 인쇄를, 〈양면에 인쇄〉 옵션을 통해 양면/단면 인쇄를 선택할 수 있습니다.

이후 〈기본 설정(R)〉 메뉴를 클릭하여
〈프린터 설정〉으로 이동할 수 있습니다.

본격적으로 ❶~❸에서 선택한 〈프린터 설정〉 메뉴를 통해 인쇄 옵션을 다루는 방법을 알
아볼 예정입니다. 다만 다음 내용은 저자가 사용하는 프린터를 기준으로 설명한 것으로,
실제 화면 UI와 용어가 프린터 기종에 따라 많이 다를 수 있습니다. 하지만 기본적인 설
정 방법은 유사하므로 다음 방법을 이해하고 본인의 프린터에 맞게 설정하면 됩니다.

다만 이 기능들은 사용하는 프로그램의 인쇄 창에서 설정할 수 있다면 그 방법을 사용하
는 것이 훨씬 편리합니다. 예를 들어 앞에서 설명한 것처럼 MS 오피스 워드의 경우 한글
프로그램과는 달리 프로그램의 인쇄 창에서 양면/단면 인쇄를 선택할 수 있습니다. 프로
그램 내에서 지원하지 않는다면 〈프린터 설정〉에서만 설정이 가능합니다.

☀ 레이저 프린터의 경우

먼저 레이저 프린터에서 ❶~❸에서 선택한 〈프린터 설정〉 메뉴를 통해 인쇄 옵션을 다루는 방법을 알아보겠습니다.

〈기본〉 탭이 먼저 보입니다. 여기서 ① 〈레이아웃 설정〉 옵션에서는 한 면에 한 페이지 혹은 여러 페이지 인쇄를, ② 〈양면 인쇄〉 옵션에서는 양면과 단면을 선택할 수 있습니다.

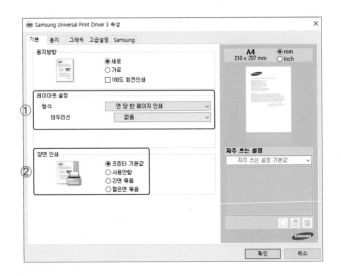

〈용지〉 탭으로 이동합니다.

③ 〈인쇄 매수〉 옵션에서는 몇 부 인쇄할지를, ④ 〈용지 설정〉 옵션에서는 인쇄할 용지 크기, 용지 급지원(용지함), 용지 종류(일반용지와 특수용지)를 선택할 수 있습니다.

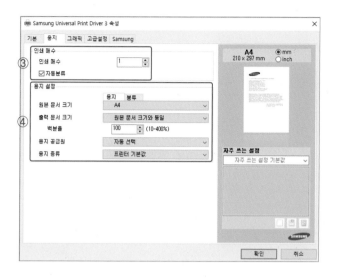

〈그래픽〉 탭으로 이동합니다.

⑤ 〈색상 설정〉 옵션에서는 컬러/흑백 인쇄를, ⑥ 〈인쇄 품질〉 옵션에서는 표준/고품질 인쇄를 선택할 수 있습니다.

〈인쇄 품질〉 옵션의 기본은 표준입니다. 고품질은 사진 등 정밀한 인쇄가 필요할 때 유용하지만, 토너 사용량이 많아지고, 인쇄 속도가 느려집니다.

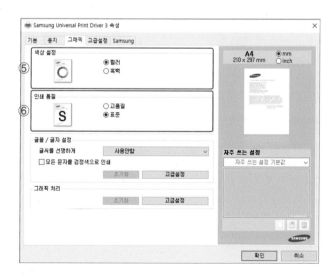

☀ 잉크젯 프린터의 경우

이번에는 잉크젯 프린터에서 ❶~❸에서 선택한 〈프린터 설정〉 메뉴를 통해 인쇄 옵션을 다루는 방법을 알아보겠습니다.

〈인쇄 사전 설정〉 옵션에서 ⑦ 컬러/그레이스케일(흑백) 인쇄 여부는 물론, 문서 인쇄 품질도 설정할 수 있습니다. 속도를 높일수록 화질이 떨어지며, 품질을 높일수록 인쇄 속도가 느려집니다.

또한 ⑧ 문서 크기, ⑨ 용지 종류(일반/특수용지), ⑩ 양면/단면 인쇄를 선택할 수 있습니다.

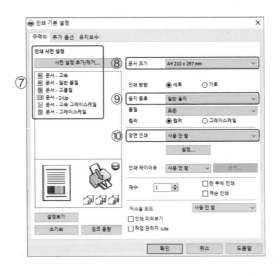

추가로 잉크젯 프린터에서 사용할 수 있는 유용한 팁을 소개하겠습니다.

⑪ 재생지(갱지)를 사용할 때

재생지는 일반적인 잉크젯 인쇄용 A4 용지보다 색이 어두운 편입니다. 종이 색 자체가 어둡다 보니 잉크를 덜 소모하도록 설정해도 내용물을 식별하는 데 비교적 어려움이 없습니다. 앞의 〈인쇄 사전 설정〉에서 〈문서 – 고속〉을 선택하고 인쇄할 경우 잉크를 절약할 수 있으며, 인쇄 속도도 빨라집니다.

⑫ 사진이나 그림을 고화질로 인쇄

사진이나 그림을 인쇄해야 하거나, 문서에 사진이 많이 포함된 경우 사진을 고화질로 인쇄하는 것이 좋습니다. 〈인쇄 사전 설정〉에서 〈문서 – 고품질〉을 선택하고 인쇄할 경우 평소보다 인쇄 속도는 느리지만, 훨씬 더 인쇄 품질이 선명해집니다. 더 오랜 시간을 투자해 꼼꼼하게 종이에 그림을 그린다고 생각하면 무방합니다.

⑬ 카탈로그, 라벨지, 스티커 인쇄

카탈로그, 라벨지 등 고객에게 노출되는 인쇄물은 품질을 극한으로 끌어올릴 필요가 있습니다. 앞에서 설명한 ⑨〈용지 종류〉 옵션의 바로 아래에 있는 〈품질〉 메뉴에서 〈추가 설정〉을 선택합니다.

〈문서 – 고품질〉을 선택한 것보다 한 단계 더 품질을 향상시킬 수 있습니다. 슬라이드바를 오른쪽 끝까지 이동시켜 품질을 최대로 설정하고 〈확인〉 버튼을 클릭합니다.

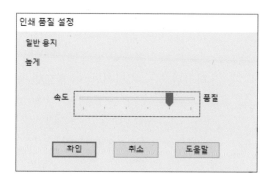

이 상태로 인쇄할 경우 굉장히 선명한 화질을 얻을 수 있습니다. 사진이나 이미지, 로고 등을 인쇄하면 육안으로도 차이를 식별할 수 있을 것입니다.

117

⑭ 여러 장의 문서를 인쇄해야 하는 경우

여러 장으로 구성된 문서를 인쇄해야 하는 경우, 〈매수〉 오른쪽의 〈한 부씩 인쇄〉와 〈역순 인쇄〉를 체크하면 도움이 됩니다. 〈역순 인쇄〉를 체크할 경우 뒷페이지부터 인쇄를 진행하게 되므로 인쇄가 끝난 문서가 페이지 순서대로 차곡차곡 정리됩니다.

⑮ 그 외의 부가기능

〈유지보수〉 탭에서는 다양한 부가기능을 확인할 수 있습니다. 인쇄 품질이 고르지 않을 때는 〈노즐 검사〉 및 〈프린터 헤드 청소〉 메뉴를 클릭하여 인쇄 품질을 향상시킬 수 있습니다. 인쇄물이 고르지 않고 찌그러진 채로 인쇄될 경우에는 〈프린터 헤드 정렬〉 메뉴를 클릭하여 문제를 해결할 수 있습니다.

이상으로 인쇄에 관한 여러 팁을 살펴보았습니다. 더 다양한 기능이 있지만, 이 정도면 충분할 것 같네요.

041 엑셀에서 마지막 작업을 단축키만으로 다시 실행하기

마지막 작업 반복 | 활용분야 : 문서 작업

지원 프로그램 : 엑셀

엑셀은 표를 다루는 도구이며, 표는 대량의 데이터를 손쉽게 시각화하기 위해 사용하는 도구입니다. 필연적으로 엑셀은 한 번에 많은 데이터를 다루는 용도로 사용되기 마련입니다. 간혹 중요한 데이터가 입력된 셀을 다른 색으로 표현하거나 특정 글자의 폰트를 변경하는 등의 작업이 필요할 수 있겠습니다. 이런 작업을 손쉽게 할 수 있는 방법을 알려드리겠습니다.

A1 셀은 현재 가운데 맞춤이 되어있으나 다른 셀들은 오른쪽 맞춤이 되어 있습니다. 이 중에서 일부의 셀만 가운데 정렬로 수정하려면 어떻게 하는 것이 좋을까요? 수정하려는 셀을 클릭하고 F4를 누르면 빠르게 작업을 수행할 수 있습니다.

왼쪽 그림은 C3 셀을 클릭하고 F4를 누른 결과물입니다. 가운데 맞춤뿐 아니라 색 변경 등의 작업도 F4로 반복할 수 있습니다.

$F4$를 누르면 글씨체 수정, 셀 색 수정, 셀 테두리 수정 등 대부분 작업을 반복할 수 있으므로 엑셀 파일의 내용 일부를 수정하는 작업을 훨씬 빠르게 마무리할 수 있습니다.

	A	B	C	D	E
1	1	1	1	1	1
2	2	2	2	2	2
3	3	3	3	3	3
4	4	4	4	4	4
5	5	5	5	5	5
6	6	6	6	6	6
7	7	7	7	7	7

B1 셀의 글자색을 빨간색으로 수정하고, B3 셀과 B5 셀에서 $F4$를 누른 결과물

많은 명령을 반복할 수 있지만, 모든 명령을 반복할 수 있는 것은 아닙니다. 예를 들어 글자를 입력한 것은 반복 실행할 수 없습니다. $F4$가 먹히지 않는 경우는 실행해보면 쉽게 알 수 있습니다.

042 무료로 오피스 프로그램 사용하기 1

리브레오피스

활용분야 : 문서 작업

지원OS : 윈도우, 리눅스, 맥OS

마이크로소프트에서 만든 오피스 프로그램은 강력하고 편리하며, 우리 일상 깊은 곳까지 침투하고 있습니다. 이에 애플이나 한글과컴퓨터 등에서 만든 대항마 프로그램들이 있지만 시장 점유율은 요지부동입니다. 왜냐하면 애플의 소프트웨어는 애플 컴퓨터를 구매해야만 사용 가능하고, 한글과컴퓨터에서 제작한 프로그램은 마이크로소프트 제품보다 기능이 더 뛰어나지는 않기 때문입니다.

오늘 소개해 드릴 도구는 완전히 무료로 제공되는 오픈 소스 문서 편집 프로그램인 리브레오피스(LibreOffice)입니다. 물론 한글화되어 있습니다. 리브레오피스는 썬 마이크로시스템즈와 오라클의 합병 이후 오라클의 경영 방침에 반발한 개발자들이 뛰쳐나와 개발한 오픈 소스 프로그램입니다. 우분투 등 유명 리눅스 OS를 설치할 경우 리브레오피스가 기본적으로 내장되어 있어 오픈 소스 진영에서는 리브레오피스를 활용하는 것이 지배적인 추세입니다.

아래 URL로 접속하면 리브레오피스의 공식 홈페이지로 이동할 수 있습니다.

https://ko.libreoffice.org/

리브레오피스 홈페이지에서 〈지금 내려받기〉 버튼을 클릭합니다.

아래 그림에 표시된 녹색 메뉴를 클릭하면 다운로드가 자동으로 실행됩니다. 설치된 프로그램을 실행해 주세요.

〈다음(N)〉 버튼을 클릭합니다.

〈다음(N)〉 버튼을 또 클릭합니다. 이후 〈설치(I)〉 버튼을 눌러 설치를 마무리합니다.

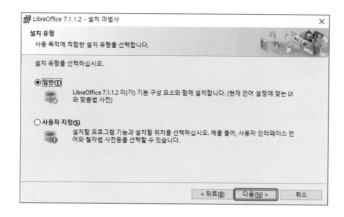

리브레오피스를 설치하면 여러 개의 프로그램을 새로이 사용할 수 있게 됩니다. 이 프로그램들을 하나씩 살펴보겠습니다.

❶ 라이터(Writer)

라이터는 워드프로세서 프로그램입니다. 한컴오피스 한글이나 MS 워드를 대체할 수 있습니다.

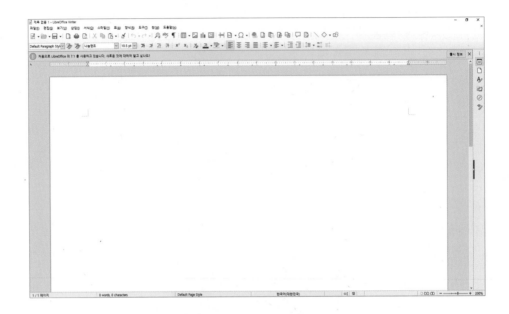

한글(hwp) 파일의 경우 한컴오피스 97 버전까지만 인식할 수 있지만, 워드(docx) 파일은 제한 없이 모두 인식할 수 있습니다.

한글이나 워드에서 지원되는 대부분 기능이 제공되며, 추가로 편리하고 강력한 레이아웃 기능이 제공됩니다. MS 오피스의 퍼블리셔나 어도비의 인디자인 등을 대체하는 용도로도 활용할 수 있습니다.

❷ 임프레스(Impress)

임프레스는 프레젠테이션 프로그램입니다. MS 오피스의 파워포인트나 한컴오피스 한쇼를 대체할 수 있습니다.

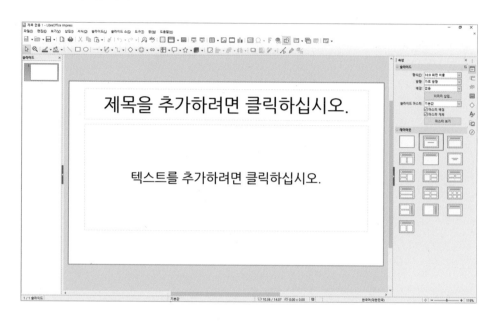

〈발표자 보기〉 모드도 정상적으로 지원합니다. UI 디자인 쪽은 파워포인트보다 훨씬 뛰어난 것 같습니다.

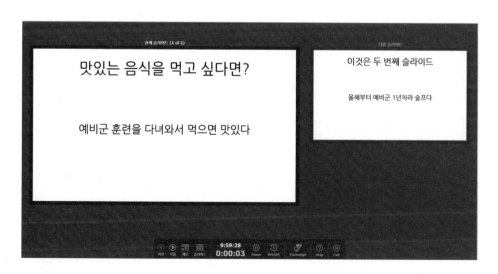

❸ 캘크(Calc)

캘크는 스프레드시트 프로그램입니다. MS 오피스의 엑셀을 대체할 수 있습니다. 수식 입력도 정상적으로 작동하며, 엑셀 함수들도 대부분 정상적으로 동작합니다.

❹ 드로우(Draw)

드로우는 벡터 그래픽 디자인 작업을 수행할 수 있는 프로그램입니다. 마이크로소프트의 Visio를 대체할 수 있습니다. 어도비 일러스트레이터보다 훨씬 편하고 쉽게 사용할 수 있습니다. 논문 삽화를 그리는 용도로 많은 학자가 애용하고 있습니다.

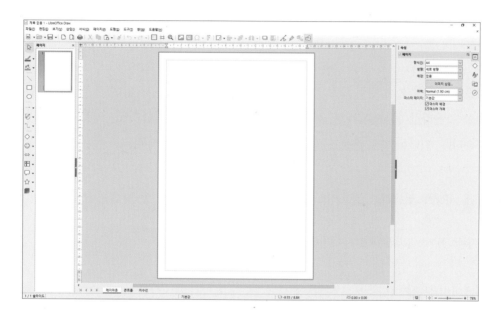

이상으로 리브레오피스를 설치하는 방법과 리브레오피스의 주요 프로그램들을 살펴봤습니다. MS 오피스 구매비용이 부담스러운 개인·기업·기관에서 활용하면 좋은 도구들입니다. 리브레오피스가 전 세계적으로 인기를 끌고 있는 이유는 단순히 무료이기 때문만은 아닙니다. 전 세계 사람들이 모두 자유를 누리기를 바란다는 철학에 공감하고, 운영진들이 대기업인 오라클에 맞서는 과정을 보며 감동을 한 사람들이 합류하기도 했습니다. 리브레오피스는 소프트웨어 세상의 자유를 꿈꾸는 사람들의 노력의 결실이기도 합니다.

043 〉 무료로 오피스 프로그램 사용하기 2

폴라리스 오피스 | 활용분야 : 문서 작업

지원OS : 윈도우, 리눅스, 맥OS, 안드로이드, iOS

이번에 소개할 문서 편집 프로그램은 약간 특이한 점이 있습니다. 소비자 만족도가 천장을 뚫고 올라갔다는 점입니다. 심지어 "출시해주셔서 감사합니다."라는 리뷰도 잔뜩 달려 있습니다. 긴말이 필요 없겠죠, 폴라리스 오피스를 만나보겠습니다.

아래 URL로 접속하면 폴라리스 오피스 홈페이지로 접속할 수 있습니다.

https://www.polarisoffice.com/

홈페이지 상단의 〈다운로드〉 버튼을 클릭해주세요.

〈무료 및 체험판〉 메뉴의 〈다운로드〉 버튼을 클릭하여 설치 프로그램을 다운로드합니다.

설치 초기 화면에서 추가 폰트를 다운로드할 수 있도록 〈글꼴 설치〉 화면이 안내됩니다.
폴라리스 오피스에서의 사용이 허가된 폰트나, 무료 폰트 중에서 유명한 폰트들이 대거
포함되어 있습니다. 모든 폰트를 선택하고 〈확인〉을 눌러 폰트 설치를 진행합니다.

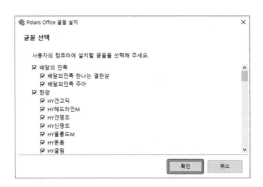

〈로그인 하기〉를 클릭합니다.

계정이 없는 분들께서는 하단의 〈계정 만들기〉를 클릭하거나 상단의 SNS 로그인 버튼을
클릭해 회원가입을 진행합니다. 이후 로그인을 마무리하기 바랍니다.

로그인을 완료하면 폴라리스 오피스가 실행됩니다. 폴라리스 오피스 내부에서 워드, 엑셀, 파워포인트, 한글은 물론 ODT 파일까지도 읽고 편집할 수 있습니다.

❶ 폴라리스 오피스 워드 및 한글 편집기

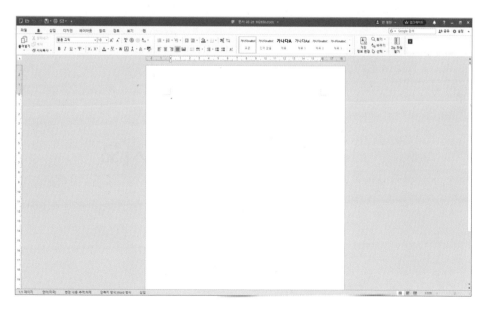

❷ 폴라리스 오피스 엑셀 편집기

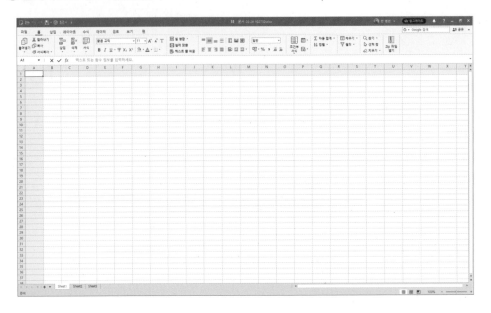

❸ 폴라리스 오피스 PPT 편집기

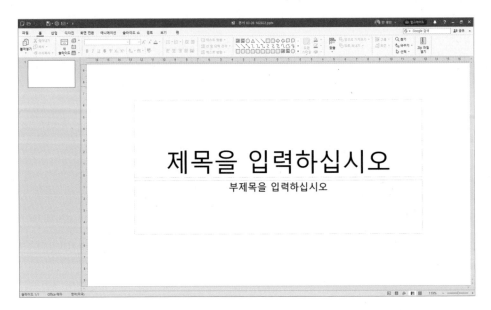

더욱 놀라운 점은 이 모든 도구를 무료로 제공한다는 점입니다. 광고창이 표시되기는 하지만, X 버튼을 눌러 광고창을 닫을 수 있습니다. 프로그램의 성능 또한 한컴오피스 한글보다 훨씬 뛰어납니다. 폴라리스 오피스가 없었다면 저자의 아이패드는 냄비 받침 그 이상도 이하도 아니었을 것입니다. 정말이지 출시해주셔서 감사하다는 리뷰에 100% 공감할 수 있습니다.

044 〉프로그램 설치 없이 무료로 워드프로세서 문서 작성하기

구글 독스 | 활용분야 : 문서 작업
지원OS : 제한없음(웹 기반)

MS 오피스는 무척이나 편리하고 유용한 도구입니다만 유료로 제공되고 있어 개인이 구매하여 사용하기에는 부담스러운 면이 있습니다.

구글에서는 MS 오피스와 거의 동일한 기능을 제공하는 무료 툴을 제작하여 배포하고 있습니다. 심지어 협업에 특화되어 있어, 현재 문서를 함께 편집하는 중인 동료의 마우스 커서 위치까지도 실시간으로 보여줍니다. 이번에는 워드 문서 편집에 특화된 구글 독스를 살펴보겠습니다.

구글 독스는 아래 URL을 통해 접속할 수 있습니다.

https://docs.google.com/document/

링크로 접속한 뒤 화면 상단의 〈새 문서 시작〉 메뉴를 선택한 후 + 모양을 클릭하면 새 문서가 생성됩니다. 화면 우측 하단에 같은 모양의 + 모양을 클릭해야 할 수도 있습니다.

MS 워드와 유사한 형태의 작업 화면이 실행되었습니다. 여기서 문서를 작성하거나 편집할 수 있습니다.

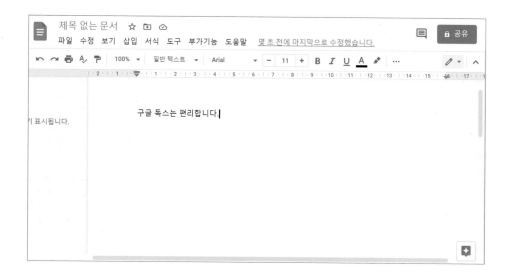

상단의 〈파일〉 → 〈열기〉를 클릭하면 MS 워드의 워드 파일을 불러와 구글 독스에서 편집할 수도 있습니다.

우측 상단의 〈공유〉 버튼을 클릭하면 함께 문서를 편집할 동료를 초대할 수 있습니다. 구글 계정만 있으면 누구든지 접속해서 함께 문서를 편집할 수 있습니다.

G메일(Gmail) 계정을 입력하거나 링크를 통해서 동료를 초대할 수 있습니다.

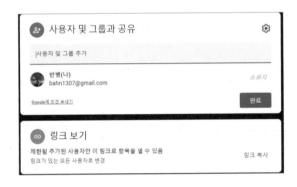

〈링크가 있는 모든 사용자로 변경〉을 누르면 링크를 통해 초대받은 사람에게 부여할 권한을 설정할 수 있습니다. 뷰어는 문서 열람만 가능하며, 댓글 작성자는 문서에 댓글을 남길 수 있습니다. 편집자 권한을 입력하면 문서에 직접 글자를 입력하거나 내용을 삭제할 수 있습니다. 여러 사람이 함께 문서를 작성하는 상황에서는 편집자 권한을 선택한 뒤 〈링크 복사〉를 클릭해 링크를 복사하고 카톡방에 링크를 공유하는 식으로 손쉽게 공유문서를 작성할 수 있습니다.

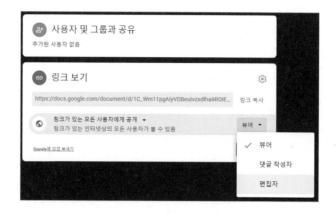

수정이 끝난 파일은 〈파일〉 → 〈다운로드〉 탭에서 다양한 포맷으로 컴퓨터에 다운로드할 수 있습니다. 워드 파일인 DOCX는 물론이고 PDF나 TXT 등 다양한 확장자를 지원합니다.

구글 독스는 모바일이나 태블릿용 앱도 제공되고 있으며 웹 브라우저만 있으면 어떤 OS 에서든 부드럽게 작동합니다. 구글 독스만 사용해도 사실상 대부분 문서 작업이 가능합니다. 다만 한글(hwp) 파일은 구글 독스에서 편집할 수 없습니다.

045 프로그램 설치 없이 무료로 스프레드시트 문서 작성하기

구글 스프레드시트 | 활용분야 : 문서 작업
지원OS : 제한없음(웹 기반)

앞서 우리는 MS 워드를 대체할 수 있는 구글 독스를 살펴봤습니다. 이번에는 MS 엑셀을 대체할 수 있는 도구를 소개하겠습니다. 이 도구의 이름은 구글 스프레드시트입니다.

구글 스프레드시트는 아래 URL을 통하여 접속할 수 있습니다.

https://docs.google.com/spreadsheets

링크로 접속한 뒤 화면 상단의 〈새 스프레드시트 시작하기〉 메뉴를 선택한 후 + 모양을 클릭하면 새 문서가 생성됩니다. 화면 우측 하단에 같은 모양의 + 모양을 클릭해야 할 수 도 있습니다.

스프레드시트를 시작하면 마치 MS 엑셀처럼 생긴 도구가 실행됩니다.

〈파일〉 → 〈열기〉를 통해 MS 엑셀 xlsx 파일이나 csv 등의 파일을 불러와 편집할 수 있습니다.

〈파일〉 → 〈열기〉를 통해 MS 엑셀 xlsx 파일이나 csv 등의 파일을 불러와 편집할 수 있습니다.

구글 독스와 마찬가지로 〈공유〉 기능을 활용하여 협업할 동료를 초대할 수 있습니다. 동료와 함께 스프레드시트를 편집할 때는 동료가 현재 클릭한 셀의 위치까지 실시간으로 표시됩니다.

구글 스프레드시트의 가장 큰 장점은 엑셀에서 사용 가능한 대부분 함수가 작동한다는 데에 있습니다. 아울러 엑셀에 없는 GOOGLEFINANCE() 함수 등도 제공합니다. 이 함수는 주가 데이터를 수집해주는 함수입니다.

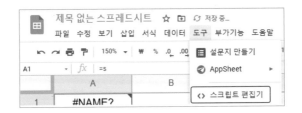

자바스크립트 코딩을 할 줄 안다면 스크립트 편집기 기능을 활용해 나만의 함수를 설치할수도 있습니다. 개발팀이 있는 회사에서 활용하면 좋을 기능인 것 같습니다.

〈파일〉 → 〈다운로드〉에서 스프레드시트를 다운로드할 수 있습니다. 엑셀(xlsx) 파일 형식은 물론 csv나 tsv 등의 포맷도 지원합니다.

046 〉 프로그램 설치 없이 무료로 프레젠테이션 문서 작성하기

구글 슬라이드 | 활용분야 : 문서 작업
지원OS : 제한없음(웹 기반)

MS 파워포인트의 대항마로 불리는 툴이 여럿 있습니다. 애플 진영의 키노트나 한때 핫했던 프레지 등이 대표적입니다. 어느 날 조용히 등장해 수많은 경쟁자를 제치고 왕좌를 차지한 구글 프레젠테이션을 살펴보겠습니다.

구글 프레젠테이션은 아래 URL을 이용해 접속할 수 있습니다.

https://docs.google.com/presentation

링크로 접속한 뒤 화면 상단의 〈새 프레젠테이션 시작하기〉 메뉴를 선택한 후 + 모양을 클릭하면 새 문서가 생성됩니다. 화면 우측 하단에 같은 모양의 + 모양을 클릭해야 할 수도 있습니다.

MS 파워포인트와 유사하게 생긴 도구가 등장했습니다. 우측에서는 테마를 고를 수 있습니다. 구글이 제공하는 아름답고 깔끔한 테마를 활용하면 손쉽게 훌륭한 발표자료를 제작할 수 있습니다.

〈파일〉 → 〈열기〉 메뉴를 통해 파워포인트(ppt) 파일을 불러올 수 있습니다.

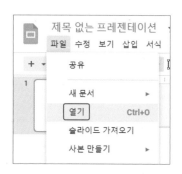

구글 독스나 스프레드시트와 마찬가지로 화면의 우측 상단에 〈공유〉메뉴가 있습니다. 〈공유〉메뉴를 활용하여 다른 사람과 슬라이드를 공유할 수 있고, 실시간으로 협업을 할 수도 있습니다. 〈공유〉왼쪽에는 〈프레젠테이션 보기〉버튼이 있습니다. 이 버튼을 클릭하면 전체 화면으로 슬라이드 쇼가 시작됩니다.

〈파일〉→〈다운로드〉를 클릭하면 문서를 다양한 포맷으로 저장할 수 있습니다. 파워포인트 PPTX 포맷은 물론 이미지나 벡터 그래픽으로 슬라이드를 저장할 수도 있습니다. 굉장히 유용한 기능입니다.

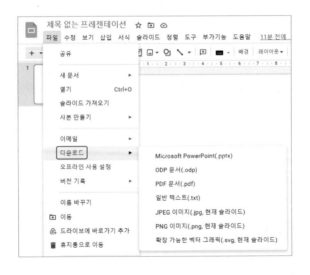

구글 프레젠테이션에 발표자료를 업로드해 두면 USB를 들고 다닐 필요가 없어집니다. 발표장에 있는 컴퓨터가 인터넷에 연결되어 있다면 아무런 프로그램을 설치하지 않고서도 바로 발표를 시작할 수 있기 때문입니다.

알고 계셨나요?

한컴오피스 한글 워드프로세서와 같은 유용한 문서 편집 프로그램들은 유료로 판매되고 있으므로 라이선스를 구매해야 정상적으로 사용할 수 있습니다. 하지만 문서를 작성하거나 편집할 필요까지는 없고 그저 문서 파일을 열람해 보는 것으로 충분하시다면 굳이 라이선스를 구매하시지 않으셔도 좋습니다.

대부분의 문서 편집 프로그램 제작사에서 뷰어를 무료로 제공하고 있습니다. 한컴오피스의 경우 '한컴오피스 뷰어'라는 프로그램을 무료로 제공합니다. 뷰어 프로그램으로도 문서 파일을 열람하거나 프린터로 인쇄하는 것이 가능합니다. 다만 문서의 내용을 편집하거나 새로운 문서를 작성하는 것은 불가능합니다.

5

업무에 감칠맛 더하는
유용한 프로그램들

업무에 감칠맛 더하는 유용한 프로그램들

컴퓨터의 활용도를 한껏 향상시킬 유용한 프로그램들을 소개합니다. 고수들은 다들 쓰고 있는데 나만 모를 수는 없잖아요? 컴퓨터의 새로운 활용 방법을 열어 주고, 업무 효율을 높여주는 다양한 도구들을 만나보세요!

047 ⟩ 프로그램 설치 없이 사진에 모자이크하기

그림판 | 활용분야 : 그래픽 작업

지원OS : 윈도우

저작권 문제, 개인정보 보호 등의 사유로 사진에 모자이크 처리를 해야 하는 경우가 종종 있습니다. 영상이나 디자인 분야는 물론, 관공서에서도 개인정보 보호를 위해 얼굴에 모자이크를 입혀야 하는 등 골치 아픈 업무가 주어질 때도 있습니다.

포토샵을 활용해 멋진 모자이크를 입힐 수도 있지만, 초보자가 포토샵을 공부하는 것은 그 자체로 부담입니다. 지금부터 이미지 파일에 모자이크를 입히는 가장 쉬운 방법을 소개합니다.

❶ 그림판 실행

▦를 누르고 "그림판"을 입력합니다. 그림판 앱이 보이면 Enter↵를 눌러 그림판을 실행합니다.

❷ 모자이크를 입히려는 이미지 파일을 불러옵니다.

❸ 그리고 상단의 〈선택〉 도구를 활용하여 모자이크를 입히려는 영역을 선택합니다.

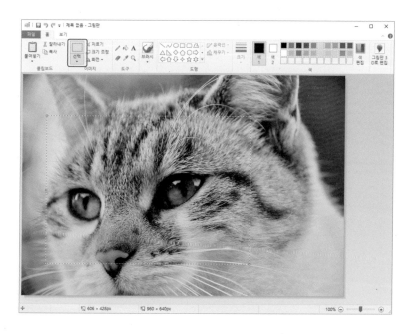

❹ 선택된 영역을 인정사정 없이 축소합니다. 축소가 완료되었다면 빈 공간을 클릭하여 선택을 해제합니다.

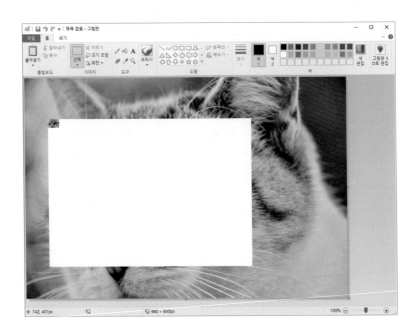

❺ 축소된 영역을 다시 선택합니다.

❻ 선택된 영역을 다시 확대하면 모자이크가 적용됩니다.

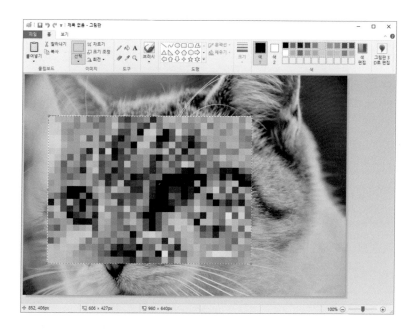

선택 영역의 크기를 축소하는 과정에서 픽셀이 깨지면서 저화질 이미지가 됩니다. 저화질 이미지를 강제로 크게 확대했기 때문에 이미지가 계단 형태로 깨지면서 모자이크가 씌워지는 효과가 생긴 것입니다.

이제 모자이크 처리를 하기 위해 굳이 포토샵과 같은 무거운 프로그램을 활용할 필요가 없겠네요!

048 나만의 파일을 저장하고 어디서든 활용하기

드롭박스, 구글 드라이브, 원드라이브

활용분야 : 클라우드 스토리지

지원OS : 제한없음(웹 기반, 단 클라이언트 프로그램은 제한 있음)

클라우드가 4차 산업혁명의 핵심 기술이라는 이야기는 한 번씩 들어보셨을 것입니다. 그런데 우리 일상에서 클라우드를 활용하고 유용성을 체감할 기회는 많지 않았습니다.

오늘은 클라우드 스토리지에 대해서 알려드리도록 하겠습니다. 보통 문서 파일이나 중요한 파일은 하드디스크에 저장해 두고, 필요할 때마다 USB를 활용해서 옮기는 것이 일반적이지요.

클라우드 스토리지를 활용하면 언제 어디서든지 내 파일들에 접근할 수 있습니다. 컴퓨터에서 작업한 파일을 스마트폰에서도 열어볼 수 있고, 스마트폰에서 찍은 사진을 컴퓨터에서도 열어볼 수 있습니다. 거래처 컴퓨터나 PPT 발표장 컴퓨터에서도 문서 파일을 클라우드에서 꺼내서 활용할 수 있습니다. 사실상 USB를 가지고 다닐 필요성 자체가 사라지는 셈입니다.

백업을 위한 목적으로도 사용할 수 있습니다. 디자인이나 문서 작업과 같이 작업 중이던 파일이 날아가면 몹시 곤란해지는 직종의 전문가들은 작업 중인 파일을 클라우드에 바로 연동시켜 두는 경우가 대부분입니다. 이 경우 컴퓨터가 갑작스레 꺼지거나 고장 나더라도 클라우드에 작업 파일이 살아있으므로 다른 컴퓨터에서 작업을 이어갈 수 있게 되거든요.

대표적인 클라우드 스토리지 서비스를 알아보겠습니다.

❶ 드롭박스 (https://dropbox.com)

현재 시중에서 절찬리에 사용되고 있는 클라우드 스토리지 중 가장 기술력이 뛰어난 업체입니다. 파일 동기화에 걸리는 속도가 가장 빠르며, 오류로 인해 파일이 삭제되는 등의 문제도 가장 낮은 빈도로 일어납니다. 다만 기본 제공 용량이 2GB로 적은 편입니다. 클라우드 스토리지에 사진이나 동영상이 아니라 순수한 문서 파일만 저장하고 싶다면 드롭박스의 사용을 적극적으로 권장합니다.

웹페이지를 이용해 드롭박스에 파일을 업로드하거나 다운로드할 수도 있지만, 클라이언트 프로그램을 다운로드하면 훨씬 더 편하게 활용할 수 있습니다. 클라이언트 다운로드 URL은 아래와 같습니다.

https://www.dropbox.com/install

클라이언트를 설치하면 작업 표시줄에 드롭박스 로고가 표시됩니다.

그리고 무엇보다 편리한 점이 있습니다. 탐색기에 드롭박스 전용 폴더가 새롭게 생깁니다. 이 폴더에 파일을 넣으면 자동으로 클라우드에 파일이 업로드되고, 클라우드에 올라가 있는 프로그램은 자동으로 다운로드되어 컴퓨터상의 폴더에 표시됩니다.

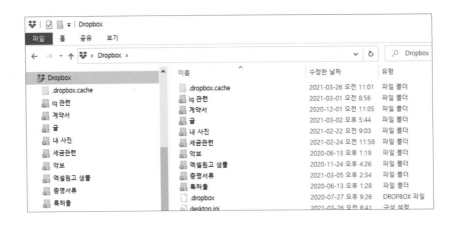

일반적인 문서 작업 폴더처럼 드롭박스를 사용하기만 하면 나도 모르는 사이 클라우드에 프로그램이 자동으로 백업되는 유용한 도구입니다. 드롭박스는 PC뿐만 아니라 스마트폰과 태블릿에서도 사용 가능합니다.

❷ 구글 드라이브 (https://drive.google.com)

구글에서 만든 클라우드 문서 저장 시스템입니다. 전반적인 사용 방법은 드롭박스와 별 차이가 없습니다.

파일을 다운로드하거나 업로드하는 속도는 드롭박스보다 현저히 느린 편이지만 기본 제공 용량이 15GB로 드롭박스에 비해 큰 편이기 때문에 많은 사람의 사랑을 받고 있습니다. G메일을 통해 대용량 파일을 전송하거나, 구글 독스 등을 사용한다면 구글 드라이브의 잔여 용량을 소모하므로 주의가 필요합니다.

구글 드라이브 역시 PC뿐만 아니라 스마트폰과 태블릿에서도 사용할 수 있습니다.

❸ 원드라이브 (https://onedrive.com)

원드라이브는 마이크로소프트에서 제작한 클라우드 스토리지로, 윈도우 설치 시 자동으로 함께 설치됩니다. 드롭박스와 비슷한 방식으로 사용할 수 있습니다.

원드라이브는 갤럭시 스마트폰을 구매할 경우 100GB의 무료 용량을 제공해 주는 프로모션이 있어 많은 사람이 사용하고 있습니다. 하지만 단점이 무척이나 많으므로 사용에 주의가 필요합니다.

원드라이브는 바탕 화면에 있는 아이콘을 제멋대로 백업해 바탕 화면을 텅 비게 만들어버리기도 하며, 원드라이브에 저장해 둔 파일이 수시로 사라지기도 합니다. 저자의 경우 졸업논문 등 소중한 다수 데이터를 원드라이브 때문에 날려버렸습니다.

영화나 음악 등 중요도가 떨어지지만, 용량은 큰 데이터를 저장하면 좋습니다. 모바일 기기에서도 활용 가능합니다.

이상으로 대표적인 클라우드 파일 저장소에 대해서 알아봤습니다. 이 외에도 애플 계정을 만들면 기본적으로 제공되는 아이클라우드, 네이버에서 제공하는 MYBOX 등의 서비스도 있습니다. 대부분 서비스가 무료 용량을 일정 수준 제공하고, 더 많은 프로그램을 저장하려면 과금을 유도하는 구조로 되어 있으므로 활용하려는 프로그램의 종류와 용량, 중요도에 따라 적절한 도구를 선택해 사용하기 바랍니다.

저자의 경우 드롭박스와 구글 드라이브를 동시에 활용하고 있으며, 구글 드라이브에는 문서 파일과 디자인 파일을 주로 저장하고 드롭박스에는 계약서나 세금 증빙서류 등 중요한 서류를 주로 저장하고 있습니다.

049 〉 다른 컴퓨터에 원격으로 접속하고 제어하기

팀뷰어 | 활용분야 : 원격제어

지원OS : 윈도우, 리눅스, 맥OS, 안드로이드, iOS 등

집에서도 회사 컴퓨터를 마음대로 조작할 수 있다면 어떨까요? 물론 집에 와서까지 일을 하는 것이 싫은 분들도 있으시겠습니다만, 적어도 회사에 남아 야근으로 끝마쳐야 할 일을 집에 와서 편안한 옷으로 갈아입고 처리할 수 있다면 좋을 수도 있겠지요.

반대로 집에 켜 둔 컴퓨터를 회사에서 원격으로 접속할 수 있다면 그 또한 장점이 될 수 있습니다. 집 컴퓨터에 게임을 켜 두고 회사에서 확인한다거나, 회사 컴퓨터에서 접속이 차단된 주식 프로그램을 집 컴퓨터에 실행시켜 두고 회사에서 원격으로 접속해서 사용한다거나.

원격 접속의 장점은 이뿐만이 아닙니다. 모니터는 한 대뿐인데 관리해야 하는 컴퓨터 본체가 여러 대인 상황에서는 컴퓨터 한 대에만 모니터를 연결해 두고, 나머지 컴퓨터를 원격으로 접속하면 몸이 몹시 편해집니다.

스마트폰이나 태블릿에서 컴퓨터에 원격으로 접속하는 것도 편하겠지요. 아이패드에서 윈도우 PC에 원격으로 접속한다면, 마치 아이패드에서 윈도우를 활용하는 것과 다름이 없습니다. 상상만 해도 즐겁지 않나요? 이런 마술 같은 일을 가능하게 한 프로그램을 소개합니다.

아래 URL로 접속하면 팀뷰어 홈페이지에 접근할 수 있습니다.

https://teamviewer.com

홈페이지에서 〈무료 다운로드〉 메뉴를 클릭하여 팀뷰어를 무료로 설치할 수 있습니다.
팀뷰어는 상업용 목적인 경우 유료 라이선스를 구매해야 하지만, 비영리적 목적이나 개인
이 사용할 경우 무료로 사용할 수 있습니다. 여기서 팀뷰어를 다운로드하여 설치합니다.

팀뷰어가 실행된 화면입니다. 〈원격 제어 허용〉 메뉴를 살펴보시면 이 컴퓨터의 ID와 비밀번호를 확인할 수 있습니다. 원격 제어를 하고 싶다면 상대방 컴퓨터에도 팀뷰어를 설치해야 합니다.

〈원격 컴퓨터 제어〉 창에 상대방의 ID를 입력하고 〈연결〉 버튼을 클릭하면 비밀번호 입력 메뉴가 활성화됩니다. 여기에 상대방의 비밀번호를 입력하면 상대방 컴퓨터에 접속하여 내 마음대로 키보드와 마우스를 제어하고, 화면도 볼 수 있습니다.

조금 더 손쉬운 활용을 위해 빠른 연결을 사용하겠습니다. 〈원격 접속〉 메뉴의 〈빠른 연결 허용〉을 체크합니다.

그리고 좌측 상단의 〈로그인〉 버튼을 클릭하고, 회원가입을 진행한 다음 로그인을 수행합니다. 이메일로 보안 설정 관련 메시지가 발송될 것입니다. 장치를 컴퓨터에 할당하는 과정을 마무리합니다.

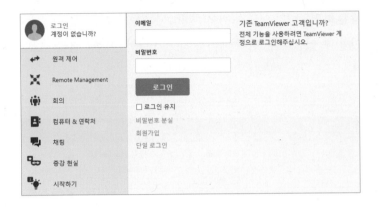

로그인과 장치를 컴퓨터에 할당하는 과정까지 마무리했다면 좌측의 〈컴퓨터 & 연락처〉
화면을 클릭합니다. 여기에는 팀뷰어를 설치하고 여러분의 계정으로 로그인을 해 둔 컴퓨
터 목록이 표시됩니다. 컴퓨터가 켜져 있는 경우에는 파란색 아이콘으로, 컴퓨터가 꺼져
있는 경우에는 까만색 아이콘으로 표시됩니다. 아래 그림의 경우 현재 〈sub-desktop〉이
온라인으로 표시되고 있습니다.

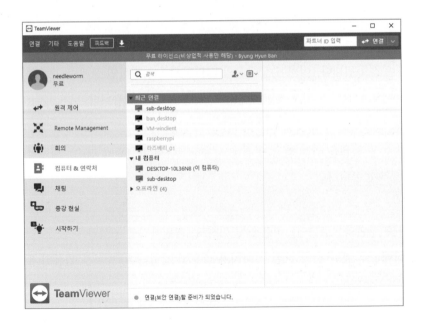

아이콘을 클릭하면 아래와 같이 컴퓨터의 상태가 표시됩니다. 더블클릭하면 원격 연결이
수립됩니다.

팀뷰어로 다른 컴퓨터에 접속한 화면입니다. 이 상태에서 마우스와 키보드를 조작하여 프
로그램을 실행하거나 제어할 수도 있습니다.

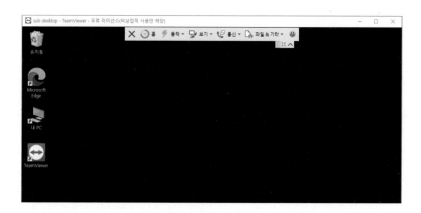

안드로이드 기기나 iOS 기기에 앱을 설치하여 PC를 제어할 수도 있습니다. 예를 들어 아이패드에서 팀뷰어를 활용해 윈도우 PC에 원격으로 접속할 수도 있습니다. 갤럭시 탭에서도 당연히 가능합니다.

팀뷰어를 잘 활용하면 사실상 PC에서 수행할 수 있는 모든 작업을 모바일 기기에서 수행할 수 있게 됩니다. 컴퓨터뿐만 아니라 주변 기기의 활용도도 수직으로 상승하는 팀뷰어의 활용을 적극적으로 권장합니다. 다만 인터넷을 통한 원격 접속이다 보니 0.5초가량의 입력 지연이 발생할 수 있어 게임을 하는 데는 적합하지 않을 수 있습니다.

050 〉 컴퓨터가 느려질 때 빠르게 최적화하기

고클린 │ 활용분야 : 컴퓨터 최적화

지원OS : 윈도우

컴퓨터를 사용하다 보면 조금씩 반응이 느려지다가, 어느 순간부터 속도가 느려진 것이 체감되는 순간이 있습니다. 컴퓨터를 잘 관리하는 분들은 이런 문제를 겪지 않는 경우도 많습니다만, 컴퓨터 관리에 대한 경험이 부족한 분들은 왕왕 겪는 문제입니다.

컴퓨터가 느려지는 이유는 다양하지만, 하드웨어의 성능은 동일한데 처음 컴퓨터를 구매했을 당시에 비해 훨씬 많은 프로그램을 동시에 실행하다 보니 문제가 발생하는 경우가 대부분입니다. 혹시 바탕 화면에 광고창이 떠 있거나 웹 브라우저에 툴바가 덕지덕지 붙어있다면 컴퓨터에 사과해야 합니다. 훨씬 무거운 짐을 지고 달려야 하니 느려지는 것이 당연하지요.

컴퓨터에 부담을 주고 있는 불필요한 프로그램들을 제거하는 것으로 컴퓨터의 성능을 되찾을 수 있습니다. 컴퓨터를 포맷할 경우 컴퓨터를 처음 구매했을 당시의 성능으로 되돌아갈 가능성이 큽니다. 시작 프로그램을 정리해도 컴퓨터의 속도가 빨라집니다. 컴퓨터를 포맷하는 방법과 시작 프로그램을 제거하는 방법은 앞서 설명했습니다.

이외에는 불필요한 프로그램들과 컴퓨터에 쌓여 있는 임시 파일들을 삭제하는 것이 컴퓨터 성능 향상에 도움을 줄 수 있습니다. 컴퓨터 청소 작업을 한번에 처리할 수 있도록 도와주는 도구, 고클린(GoClean)을 소개합니다.

아래 URL을 통하여 고클린 홈페이지로 이동한 후, 고클린 최신 버전을 다운로드해 주세요.

http://www.gobest.kr/goclean_app/index.htm

다운로드된 파일을 실행하면 고클린 설치가 진행됩니다. 고클린을 설치하고 실행하기 바랍니다.

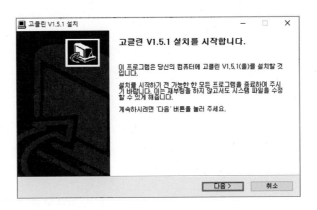

아래 그림과 같이 고클린이 실행됩니다. 여기서 차례로 컴퓨터를 최적화해보겠습니다.

❶ 하드디스크 최적화

〈하드디스크 최적화〉 메뉴를 클릭합니다.

PC에 불필요한 파일 목록이 표시됩니다. 〈삭제〉 버튼을 눌러 불필요한 파일을 삭제하여
하드디스크를 최적화합니다. 작업이 끝나면 〈종료(X)〉 버튼을 클릭합니다.

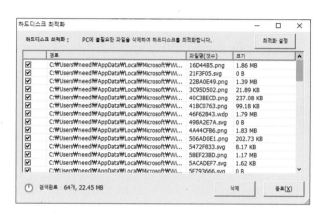

❷ 작업 스케줄러 관리

〈작업 스케줄러 관리〉 메뉴를 클릭합니다.

불필요한 작업 스케줄러가 활성화되어 있는 경우 광고창이 뜨거나 컴퓨터 속도가 느려집
니다. 작업 스케줄러 목록에서 자주 사용하지 않는 프로그램을 선택하고 삭제합니다. 저
자의 경우 아래 화면에서 Dropbox만 제외한 모든 항목을 삭제하였습니다. 작업이 끝나
면 〈종료(X)〉를 클릭합니다.

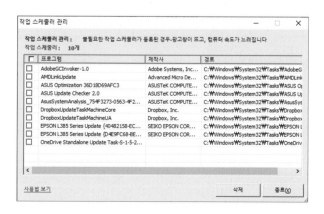

❸ 익스플로러 최적화

〈익스플로러 최적화〉 메뉴를 클릭합니다.

인터넷 익스플로러에 설치된 불필요한 툴바와 플러그인이 표시됩니다. 꼭 필요한 프로그램이 아니라면 전부 삭제해도 무방합니다. 어차피 필요한 상황이 되면 다시 설치하도록 팝업창이 뜰 테니 말입니다. 정리 후 〈종료(X)〉 버튼을 클릭합니다.

❹ 프로그램 삭제

〈프로그램 삭제〉 메뉴를 클릭합니다.

컴퓨터에 설치된 프로그램 목록이 표기됩니다. 이 중에서 사용하지 않는 프로그램들을 삭제하기 바랍니다. 컴퓨터에 불필요한 프로그램이 많이 설치되어 있으면 성능이 저하됩니다. 특히 광고 팝업을 띄우는 프로그램이 있다면 반드시 삭제하기 바랍니다. 프로그램 이름을 구글에서 검색하면 프로그램의 역할을 쉽게 찾아볼 수 있습니다. 프로그램 삭제를 마쳤다면 〈종료(X)〉 버튼을 클릭해주세요.

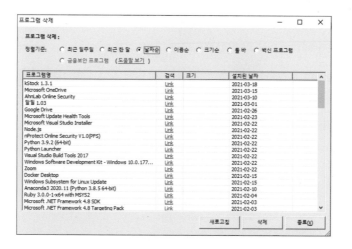

❺ 액티브X 삭제

〈액티브(Active)X 삭제〉 메뉴를 클릭합니다.

컴퓨터에 설치된 액티브X 목록이 화면에 표시됩니다. 저자의 컴퓨터에는 액티브X가 설치되어 있지 않기 때문에 공란으로 표기됩니다. 여기 기재된 모든 액티브X를 선택하고 삭제하기 바랍니다. 액티브X가 하나도 없어도 컴퓨터 사용에 전혀 지장이 생기지 않습니다. 작업이 끝났다면 〈종료(X)〉를 클릭합니다.

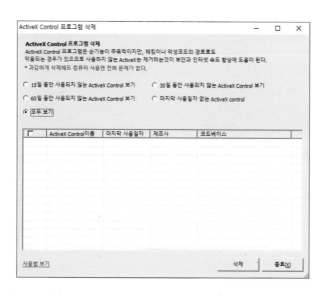

➏ 윈도우즈 프로세스 초기화

〈인터넷이 느려질 때〉 메뉴를 클릭합니다.

〈윈도우즈 프로세스 초기화〉 버튼을 클릭하면 컴퓨터에서 실행 중인 불필요한 프로세스가 모두 종료됩니다. 현재 실행 중인 프로그램들도 종료될 수 있으므로 사용 시 주의가 필요합니다.

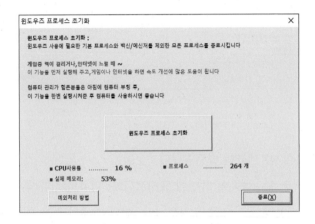

프로그램 데이터를 모두 저장한 뒤 실행하거나, 컴퓨터를 부팅한 직후에 한 번씩 실행하면 쾌적하게 컴퓨터를 활용할 수 있습니다. 여기까지 모두 따라 했다면 컴퓨터를 한 차례 재부팅하기 바랍니다. 컴퓨터의 속도가 확연히 빨라진 것을 느끼실 수 있을 것입니다.

CHAPTER **5**

051

컴퓨터 바탕 화면에 붙이는 메모장 프로그램 활용하기

Sticky Notes | 활용분야 : 윈도우 포스트잇
| 지원OS : 윈도우

컴퓨터로 무언가 작업을 하다가 메모를 하고 싶거나, 매일 아침의 루틴을 적어놓고 수시로 보고 싶을 때가 있는 법입니다. 하지만 모니터에 써서 붙이자니 난잡해 보이고, 그렇다고 메모장을 쓰자니 매번 열어보아야 하는 번거로움이 있죠.

그런데 윈도우에서 바탕 화면에 간편하게 메모를 붙이고, 자유롭게 수정하거나, 추가하거나, 지울 수 있는 메모지 프로그램을 제공하고 있다는 사실, 알고 있었나요?

▣를 누르고 "microsoft store"을 입력합니다. Microsoft Store 앱이 보이면 Enter↵를 눌러 실행합니다.

검색창에서 'Microsoft Sticky Notes'를 검색한 후, 다운로드합니다.

프로그램을 실행하면 백업 기능을 지원하는 차원에서 처음에는 Microsoft 계정으로 로그인을 진행해야 합니다. 로그인 이후에는 다음과 같이 스티커 메모를 생성할 수 있습니다.

이 메모장은 자유롭게 드래그할 수도, 크기를 변경할 수도, 추가하거나 삭제하거나 잠시 가릴 수도 있습니다.

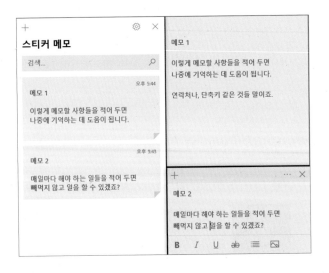

PC 안의 메모지로 필요한 메모들을 깔끔하게 관리할 수 있습니다. 이제, 복잡하게 모니터에 써서 붙이지 마세요!

052 〉 화면 보호기를 사용하기

화면 보호기 | 활용분야 : 컴퓨터 활용 일반 / 보안

지원OS : 윈도우

자리를 잠시 비워야 할 때, 내 컴퓨터에 떠 있는 문서들을 남들이 함부로 보는 것은 되도록 피하고 싶습니다. 보안상으로 중요할 수도 있고, 개인 프라이버시와 관련된 내용일 수도 있으니까요. 그런 경우에 우리는 화면 보호기를 종종 사용하곤 합니다. 화면 보호기는 스크린세이버(screensaver)라고도 하는데요. 화면 보호기를 설정하는 방법, 화면 보호기가 해제되었을 때 자동으로 컴퓨터를 잠그는 방법을 알아볼까요?

⊞를 누르고 "화면 보호기 변경"을 입력합니다. 〈화면 보호기 변경〉 메뉴가 보이면 [Enter⏎]를 눌러 실행합니다.

화면 보호기가 '없음'으로 설정된 경우 화면 보호기를 사용하지 않는 중인 것입니다. 버튼을 눌러 원하는 화면 보호기를 선택한 후, 확인을 누르면 선택한 화면 보호기를 사용할 수 있습니다.

① 설정 버튼

만약 선택한 화면 보호기에 세부 설정을 지정할 수 있는 경우, 원하는 형식대로 화면 보호기를 변경하도록 해 줍니다. 설정이 끝났다면 '미리 보기'를 통해 어떻게 화면 보호기가 나오는지를 적용 전에 확인해 볼 수도 있지요.

② 대기시간

컴퓨터로 아무 동작도 하지 않을 때, 화면 보호기를 출력하기 전 기다리는 시간입니다. 위의 그림대로라면 10분간 아무 동작도 하지 않으면 화면 보호기가 나오겠죠?

③ 다시 시작할 때 로그온 화면 표시

여기에 체크하면 화면 보호기가 해제될 때 윈도우 잠금화면으로 넘어가게 됩니다. 타인으로부터 안전하게 컴퓨터를 지킬 수 있는 셈이지요.

그런데 기본 화면 보호기는 많이 보다 보니, 조금 새로운 것을 써 보고 싶어지네요. 아쉽게도 2021년부터 어도비 플래시(Adobe Flash)가 서비스를 종료함에 따라, 기존에 다운로드 후 사용할 수 있던 많은 화면 보호기는 현재 사용이 불가능합니다. 새로 찾아보고 싶다면, 구글에서 플래시 기반이 아닌 화면 보호기, 혹은 'Non flash based screensaver'로 검색하면 찾을 수 있어요. 사용할 만한 화면 보호기 몇 가지를 소개합니다.

❶ Fliqlo (https://fliqlo.com)

시간을 플립 형태로 나타내주는 화면 보호기입니다. 원래는 플래시 기반이었지만, 서비스가 종료됨에 따라 10년의 침묵을 깨고 업데이트 버전이 출시되었습니다. 깔끔한 디자인과 크기 조절 등이 가능하다는 점이 장점입니다. 물론, 무료죠.

❷ ModernGlance

Microsoft Store에서 찾을 수 있는 화면 보호기입니다. 미리 설정해 둔 여러 사진을 슬라이드 쇼 방식으로 즐길 수 있어요. 원래는 스마트폰 전용이었지만, 이제는 PC 버전도 서비스하고 있습니다.

❸ Electric Sheep (https://electricsheep.org)

참여형 화면 보호기입니다. 여러 기하학적인 패턴을 보여주며, 사용자는 방향키를 사용해 좋아하는 패턴에 투표하거나, 원치 않는다면 다른 패턴으로 넘어갈 수도 있어요. 원하는 패턴에 미리 투표한다면 좋아하는 패턴만 나오게 할 수도 있겠지요?

또한 이전의 플래시 기반 화면 보호기를 설치하여 사용하고 싶다면, 컴퓨터의 시계를 어도비 플래시의 서비스 종료일 2020년 12월 31일 이전으로 바꾼다면 사용이 가능합니다. 다만 문서를 작성한 날짜를 기록하는 문제나 보안 문제에 저촉될 가능성이 있어 권장하지는 않습니다.

053 〉 인터넷에서 마음에 드는 이미지를 발견 했을 때, 관련 정보 찾기

구글 이미지 검색 | 활용분야 : 인터넷 활용
지원OS : 제한없음

웹서핑을 하다 보면 마음에 드는 사진이나 그림을 가끔 마주치게 됩니다. 사진 속에서 환하게 웃고 있는 나만의 이상형이 누구인지, 저기서 반짝이는 자동차의 기종은 무엇인지 궁금하셨던 적이 있지 않나요?

오늘은 구글에서 사진을 검색하는 방법을 알려드리겠습니다. 검색 키워드 대신에 사진으로 검색을 수행하고, 사진과 관련 있는 정보들을 한 번에 찾아주는 유용한 기능입니다.

❶ 크로미움 기반 브라우저를 사용하는 경우

크롬은 구글에서 개발한 웹 브라우저입니다. 덕분에 구글에서 개발한 다양한 기능들과 연동이 되어 있지요. 또한 크롬의 핵심 엔진인 크로미움은 오픈 소스 프로젝트로 공개되어 있어 많은 업체에서 크로미움을 활용해 웹브라우저를 제작하고 있습니다.

네이버 웨일이나 마이크로소프트 엣지, 오페라 등이 대표적인 크로미움 기반 브라우저입니다. 안드로이드의 웹 브라우저와 갤럭시 스마트폰의 삼성 인터넷 역시 크로미움 기반입니다. 이번에 소개할 방법은 크로미움 기반 브라우저에서는 모두 사용 가능한 방법입니다.

마음에 드는 사진을 마우스 오른쪽 버튼으로 클릭합니다. 〈Google에서 이미지 검색(S)〉 또는 유사한 메뉴가 등장할 것입니다. 이 메뉴를 클릭합니다. 모바일 브라우저에서는 사진을 꾹 누른 채로 몇 초간 기다리면 메뉴가 활성화됩니다.

새 탭이 실행되며 구글 검색 결과 창이 표시됩니다. 검색창에는 사진 파일과 관련이 있을 것 같은 검색어 키워드가 함께 삽입됩니다. 아래 그림에서 "basic dress"라는 검색어는 구글이 자동으로 입력한 키워드입니다.

스크롤을 아래로 내리면 검색한 이미지가 포함된 게시물들과 관련 정보가 표시됩니다.

❷ 마이크로소프트 엣지의 경우

마이크로소프트 엣지에서는 조금 다른 결과를 만나보실 수 있습니다. 엣지에서의 사진 검색 메뉴명은 〈웹에서 이미지 검색〉입니다. 이 메뉴를 클릭해 보겠습니다.

구글이 아니라 마이크로소프트 Bing에서 이미지 검색이 수행되며, 이미지의 상세한 정보
나 해당 이미지가 포함된 게시물이 검색되는 대신 유사한 이미지를 대량으로 찾아주는 모
습입니다.

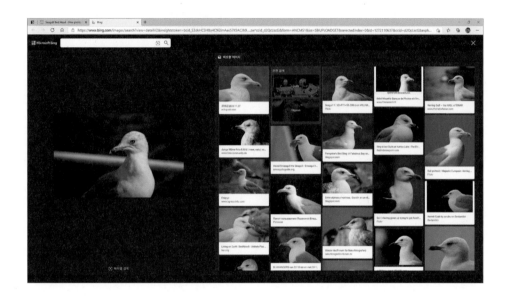

인터넷에서 발견한 이미지의 상세한 정보를 더 찾아보고 싶다면 구글 이미지 검색을 하는
것이 좋고, 유사한 이미지들을 탐색하고 싶다면 Bing 검색이 조금 더 나을 수도 있겠습니다.

❸ 그 외의 브라우저를 사용하는 경우

크로미움 기반이 아닌 경우에도 〈이미지 검색〉 메뉴가 있기도 합니다. 하지만 인터넷 익
스플로러 등의 브라우저에는 이미지 검색 기능이 존재하지 않습니다. 이 경우 구글에서
수동으로 이미지를 검색할 수 있습니다.

먼저 구글로 접속합니다.

https://google.com

페이지 우측 상단의 〈이미지〉를 클릭합니다.

검색창 우측의 〈이미지로 검색〉 버튼을 클릭합니다.

이미지 URL을 붙여넣어 이미지를 검색할 수도 있으며, 우측의 〈이미지 업로드〉 메뉴를 클릭하면 이미지 파일을 직접 업로드하여 이미지를 검색할 수도 있습니다. 웹서핑 중 만나는 이미지는 이미지 URL을 통해 검색하는 것이 편리합니다.

검색하려는 이미지 파일에서 마우스 오른쪽 버튼으로 클릭하고, 〈속성(R)〉을 클릭합니다. 속성 창의 〈주소: (URL)〉 탭에는 이미지의 URL이 기재되어 있습니다. 이 주소를 복사합니다.

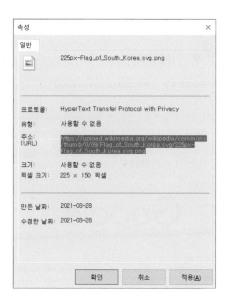

구글 〈이미지 URL 붙여넣기〉 검색창에 복사한 URL을 붙여넣고, 〈이미지로 검색〉 버튼을 클릭합니다.

정상적으로 이미지 검색이 수행된 것을 확인할 수 있습니다.

URL 검색이 아니라 파일을 직접 업로드하여 검색하는 경우, 아래와 같은 로딩 화면이 잠시 표시된 뒤에 이미지 검색 결과가 표시됩니다.

054 크롬 브라우저의 활용을 높이는 추가 기능 활용하기

크롬 확장 프로그램 | 활용분야 : 웹 브라우징

지원OS : 윈도우, 리눅스, 맥OS, 안드로이드, iOS 등

크롬은 분명 잘 만든 브라우저임이 틀림없습니다. 하지만 사람의 욕심은 끝이 없고, 편하면 더 편해지고 싶은 것이 자연스러운 욕구이지요. 이번에는 더 편하고 싶었던 사람들이 만들어 둔 크롬 브라우저의 커스텀 추가기능, 구글 확장 프로그램에 대해 알아보겠습니다.

크롬 브라우저 우측 상단에 있는 퍼즐 모양의 아이콘을 클릭한 후 하단의 〈확장 프로그램 관리〉 메뉴를 클릭합니다.

∞ 사진 제공 : NASA Image Library

현재 브라우저가 사용하는 확장 프로그램의 목록을 열람할 수 있습니다. 현재는 가장 기본적인 크롬 앱만이 있습니다. 여기서 몇 가지를 추가하여 크롬을 더 쓰기 편리하게 만들어 볼까요?

아래 URL로 접속하면 크롬 웹 스토어 홈페이지에 접근할 수 있습니다.

https://chrome.google.com/webstore

크롬 웹 스토어에서는 브라우저의 사용성을 증대시키는 애플리케이션들을 볼 수 있습니다. 그 중 가장 많이 사용되고 인기가 좋은 어플 몇 가지를 소개하겠습니다. 화면 좌측 상단의 〈스토어 검색〉에서 검색하면 됩니다.

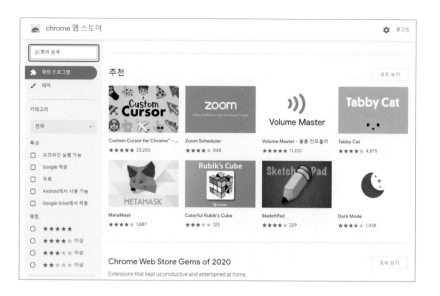

❶ Grammarly

크롬 내에서 쓰는 영어문장에 대해 자동으로 문법을 검사합니다. 업무 관련으로 문서를
작성하거나 영어로 이메일을 보내야 할 때 어법상 맞는 문장인지를 실시간으로 검사해 줍
니다. 따로 옮겨적을 필요가 없다는 것이 가장 큰 장점입니다.

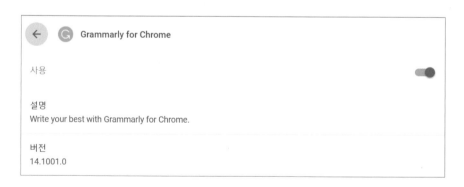

❷ Google Translate

크롬을 사용하는 중 만나게 되는 외국어 문장의 번역을 제공해 줍니다. 페이지에서 외국어를 감지하면 우측 상단에 번역 아이콘이 뜨고, 이를 클릭하면 즉석에서 외국어 문장을 한국어로 바꾸어 주는 효자 앱입니다.

❸ Momentum

구글의 새 탭을 열 때 미리 적어 둔 오늘의 할 일이나 시간, 명언 등을 볼 수 있도록 설정하는 앱입니다. 더불어 아름다운 배경도 제공하니 새 탭을 자주 만들 일이 있다면 할 일을 계속 상기시켜 줄 테니 좋겠죠?

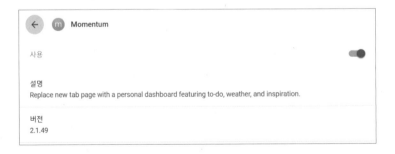

이외에도 다양한 추천 어플들이 있으니, 자신의 입맛에 맞게 선택하여 설치하세요.

알고 계셨나요?

일반적으로 우리가 사용하는 프로그램에서 주로 사용하는 기능은 전체 기능의 약 30% 정도라고 합니다. 잘 모르거나 익숙하지 않기도 하지만, 기본적으로 제공하는 기능이 필요한 상황에 적합한 경우가 그렇게 많지 않기 때문입니다.

이번 챕터에서는 최대한 보편적으로 사용될 수 있는 기능들을 위주로 소개해 드렸습니다. 물론 정확히 필요한 만큼의 기능을 포함한 프로그램을 알려드리는 것이 가장 좋겠지만, 여러분이 원하는 기능에서 무언가 조금 부족하거나 아쉬운 부분들이 있었을지도 모릅니다. 다행히 여러분의 니즈(needs)를 충족하는 프로그램들도 시중에 무료로 많이 나와 있는 편이니, 검색을 통해 간편하게 찾아보실 수 있으리라 생각합니다.

6

ㅅㅠ

전산팀처럼 능숙하게
윈도우 설치하기

전산팀처럼 능숙하게 윈도우 설치하기

컴퓨터 설치나 수리가 필요할 때 매번 전산팀에게 부탁하기는 눈치가 보이지 않나요? 회사 컴퓨터는 전산팀의 도움을 받을 수 있다지만, 집에서 사용하는 컴퓨터는요? 혹시 매번 컴퓨터 기사를 불러서 다른 사람보다 수십만 원을 더 지출하고 있지는 않나요?

컴퓨터를 세팅하고 윈도우를 설치하기까지의 모든 과정을 알려드립니다. 이제 컴퓨터 설치쯤은 직접 해보자고요!

055 〉 바이오스/UEFI 설정 화면 들어가기

BIOS/UEFI 들어가기 | 활용분야 : 컴퓨터 설정

컴퓨터의 전원 버튼을 누르면 위~잉 하는 소리와 함께 메인보드 기판에 불이 들어옵니다. 그리고 잠시 뒤 모니터 화면이 들어오면서 컴퓨터가 실행되지요. 이 과정에서 메인보드의 작동과 데이터 흐름을 관리하는 소프트웨어를 바이오스(BIOS, Basic Input/Output System)라고 부릅니다. 시스템의 가장 기본적인 입출력을 제어하는 도구라는 뜻입니다.

용어가 어렵지요? 컴퓨터로 문서 작업을 하거나 웹서핑을 주로 하는 우리에게는 별로 중요한 개념이 아닙니다. 우리가 컴퓨터를 활용하면서 BIOS를 신경 써야 하는 경우는 아래와 같습니다.

- 부팅 시 비밀번호 설정
- 컴퓨터 포맷
- 윈도우 설치 또는 업그레이드
- 일부 모니터 오류 해결
- 오버클럭 설정

대다수 공공기관과 관공서에서는 분기별로 부팅 비밀번호를 변경하도록 보안지침이 정해져 있습니다. 일부 대기업이나 연구소는 보안규정상 부팅 비밀번호를 설정하는 경우도 있으므로 가끔 BIOS 설정 화면을 활용하게 되는 경우가 많습니다. 제조사에 따라 설정 화면이 다를 수 있으나 메뉴나 사용 방법은 유사하므로 아래 내용을 바탕으로 응용하면 됩니다.

BIOS 화면으로 접속하려면 컴퓨터가 완전히 꺼진 상태에서 전원을 켜고, 까만색 로딩화면을 유심히 살펴보아야 합니다. 아래 그림은 컴퓨터가 부팅되는 과정에 표시되는 로딩화면을 캡처한 것입니다. 하단의 영어 설명을 살펴보시면 키보드 버튼과 메뉴가 기재되어 있습니다. 아래 문구 중 "BIOS SETUP"에 해당하는 Delete 를 누르면 BIOS 설정 화면으로 접속할 수 있습니다.

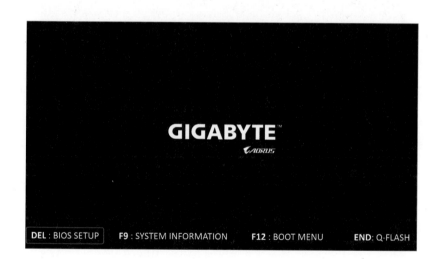

일부 컴퓨터에는 BIOS라는 문구 대신 UEFI라는 문구가 기재되어 있을 것입니다. 아래 그림의 경우 "UEFI Setup"이라는 문구가 기재되어 있습니다. UEFI는 BIOS에서 발전된 차세대 인터페이스입니다. 당황하지 말고 "내 컴퓨터가 최신 기종이구나!"라는 뜻으로 받아들이고 뿌듯함을 느끼면 되겠습니다.

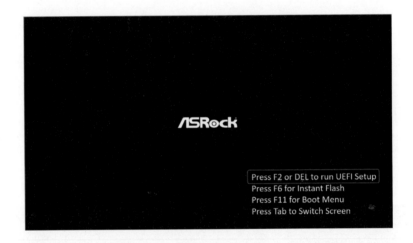

대부분 기종에서 F2 또는 Delete 를 입력하면 설정 화면으로 진입할 수 있도록 설정되어 있습니다. 컴퓨터 전원 버튼을 누르자마자 F2 와 Delete 를 연타하다 보면 무난하게 BIOS 설정 화면으로 접속할 수 있습니다.

ASUS사의 노트북 등 일부 기종에서는 앞서 살펴본 스크린샷과 같은 안내 화면이 표시되지 않을 수도 있습니다. ASUS 노트북의 경우에는 F2 를 누른 채로 전원을 켜면 BIOS 설정 화면으로 접속됩니다. 일부 제조사의 컴퓨터에서는 접속 방법이 다를 수도 있으니 이 경우 제조사 홈페이지 고객센터에서 접속 방법을 살펴보기 바랍니다.

056 〉 바이오스/UEFI에서 부팅 암호 설정하기

BIOS/UEFI 암호 설정 | 활용분야 : 컴퓨터 설정

공공기관 보안지침이나 회사 내규에 따라 컴퓨터 부팅 시 작동하는 비밀번호를 설정해야 하는 경우가 많습니다. 최초 한두 번만 설정해 두면 되는 경우에는 전산팀에서 처리해 주는 경우도 많지만, 조직 내에 전산팀이 없거나 보안지침상 주기적으로 비밀번호를 업데이트해야 하는 경우에는 직원들이 직접 비밀번호를 업데이트해야 하는 경우도 많습니다. 한두 명의 직원이 수십 대의 컴퓨터를 주기적으로 업데이트하기란 몹시 힘들기 때문입니다.

고용노동부 등 공공기관에서 사용하는 부팅 비밀번호의 공식 명칭은 CMOS 비밀번호입니다. CMOS는 극히 적은 전력으로 작동하는 반도체입니다. 컴퓨터 본체의 뚜껑을 열어 메인보드 기판을 확인하면 동그랗고 납작한 수은전지가 장착된 것을 확인할 수 있습니다. CMOS는 이 건전지로부터 전기를 제공받아 각종 정보를 관리합니다. 부팅 비밀번호가 CMOS에 저장되기 때문에 CMOS 비밀번호라고 부르는 것입니다.

CMOS 비밀번호를 설정하려면 앞서 살펴본 방법을 활용하여 BIOS 또는 UEFI 설정화면으로 진입합니다.

❶ BIOS 화면의 경우

대부분의 BIOS 설정화면 상단에 〈Security〉 메뉴가 있습니다. 키보드 오른쪽 버튼을 활용하여 〈Security〉 메뉴로 진입합니다.

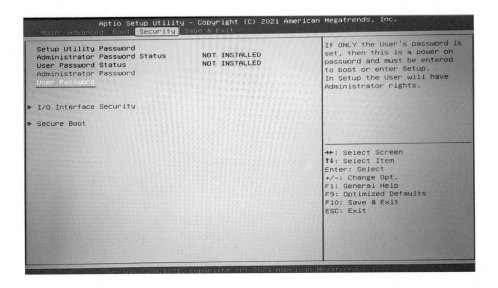

키보드의 ⬇를 활용하여 〈User Password〉 메뉴를 선택하고 Enter⏎를 누르면 비밀번호 설정을 위한 팝업 창이 발생합니다. 비밀번호를 설정한 뒤에는 〈Save & Exit〉 탭에서 〈Save〉를 선택하고 종료하기 바랍니다. 아래 화면과 같이 〈Save & Exit〉 단축키가 안내되어 있는 컴퓨터의 경우에는 안내를 따라 저장 후 종료하기 바랍니다.

❷ UEFI 화면의 경우

대부분의 최신 UEFI 도구는 한국어를 지원합니다. 〈Language〉 메뉴 등이 화면에 표시되어 있다면 언어를 한국어로 변경하면 조금 더 수월하게 설정 작업을 수행할 수 있습니다.

다음 화면은 ASUS사 공식 홈페이지에서 제공되는 UEFI 화면의 예시입니다. 메인 화면에서는 많은 설정 변경 기능을 제공하기보다는 시스템의 현재 정보를 요약해서 제공하는 것이 트렌드입니다. 〈고급 모드〉 또는 〈Advanced Mode〉 메뉴를 클릭합니다.

Asus UEFI의 경우 〈메인〉 또는 〈Main〉 메뉴 하위에 〈보안〉 또는 〈Security〉 메뉴가 포함되어 있습니다. 이 메뉴를 클릭합니다. 다른 기종의 UEFI는 관련 탭이 상단에 독립적인 메뉴로 분리되어 있을 수도 있습니다.

이후 BIOS에서와 마찬가지로 〈User Password〉를 클릭하여 비밀번호를 설정합니다. 설정이 끝났다면 〈Exit〉 메뉴를 통하여 저장 후 종료합니다.

ASUS 메인보드의 경우에는 〈Save Changes & Reset〉라는 이름의 항목을 클릭하여 저장과 재부팅을 수행할 수 있습니다.

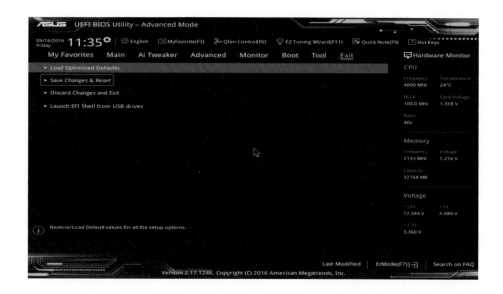

이후 부팅 시 비밀번호를 입력하라는 팝업 창이 발생하고, 비밀번호를 입력하지 않으면 부팅이 차단됩니다.

설정된 비밀번호를 변경하거나 삭제하려면 이전에 설정한 비밀번호로 로그인하여 BIOS / UEFI 화면으로 접속해야 합니다. 이후 설정 화면에서 〈User Password〉를 클릭하여 비밀번호를 변경합니다. 비밀번호를 삭제하려면 새 비밀번호 입력 창을 비워 두고 Enter⏎를 입력합니다.

057 〉 CMOS 비밀번호를 잊어버렸을 때 문제 해결하기

CMOS 초기화 | 활용분야 : 컴퓨터 설정

실무에서 CMOS 비밀번호를 잊어버리는 경우가 의외로 자주 발생합니다. 혹은 비밀번호 설정 당시에 오타를 입력하여 문제가 생길 수도 있습니다. 퇴사하거나 부서를 옮긴 전 직원이 쓰던 컴퓨터의 CMOS 비밀번호 기록이 남아있지 않은 경우도 있지요. 휴가를 다녀왔더니 비밀번호가 도무지 기억이 나지 않을 수도 있습니다. 이런 경우에는 어떻게 대처할 수 있을까요?

메인보드 예시

컴퓨터 본체 뚜껑을 열면 메인보드 기판이 등장합니다. 왼쪽 사진은 ASUS사 홈페이지에서 제공되는 메인보드 사진입니다. 메인보드를 자세히 보면 동그랗고 납작한 수은전지가 탑재된 것을 확인할 수 있습니다. 위치는 제조사에 따라 다를 수 있으나 모양은 동전 모양으로 비슷합니다.

이 수은전지가 CMOS에 전력을 공급하고 있습니다. CMOS에 저장된 정보는 전력이 끊기는 순간 모두 삭제되므로, 건전지를 제거해 전력 공급을 차단하면 CMOS 비밀번호 또한 초기화됩니다.

❶ 파워 케이블 제거하기

PC 파워 케이블

컴퓨터에 전기를 공급하는 케이블을 제거해야 합니다. 콘센트와 연결된 전선을 뽑아 주세요. 선이 복잡하게 얽혀 있어 전원선을 찾기가 힘들다면 가장 굵은 선을 뽑으면 됩니다. 이 케이블의 모양은 왼쪽 사진과 같습니다.

❷ 컴퓨터 본체 뚜껑 열기

대부분의 컴퓨터 본체는 뒷면에 있는 나사를 풀면 뚜껑을 열 수 있도록 제작되어 있습니다. 십자드라이버를 활용하면 손쉽게 뚜껑을 분해할 수 있습니다.

❸ 수은전지 제거하기

CMOS 수은전지

수은전지가 체결된 단자 주위를 자세히 살펴보면 건전지 몸체를 고정하고 있는 레버가 있습니다. 왼쪽 사진의 경우, 건전지 아래의 금속 재질로 된 구조물이 레버입니다. 이 레버를 바깥쪽으로 살짝 젖히면 수은전지를 제거할 수 있습니다.[1]

❹ 방전시키기

수은전지를 제거한 뒤, 컴퓨터의 전원 버튼을 한두 번 눌러 컴퓨터 내부에 남아있는 전기를 완전히 방전시킵니다. 그리고 약 1~3분가량 컴퓨터를 방치합니다.

---

1) 이 팁과는 관련이 없지만, 만약 수은전지가 수명이 다 된 경우 편의점 같은 곳에서 위 그림 모양의 수은전지를 구매할 수 있습니다.

❺ 컴퓨터 조립

수은전지를 다시 메인보드에 삽입합니다. 딸깍 소리가 나며 레버가 다시 원위치로 고정될 때까지 눌러 줍니다. 수은전지의 앞뒷면이 뒤집히지 않도록 주의해 주세요.

수은전지 삽입이 완료되었다면 본체 케이스 뚜껑을 닫고 나사를 다시 조여 줍니다. 그리고 전원 케이블을 다시 제자리에 꽂아 줍니다.

축하합니다. 모든 작업이 종료되었습니다. 혹시 CMOS 비밀번호가 초기화되지 않았다면 수은전지를 다시 제거하고 조금 더 오랜 시간 동안 기다리기 바랍니다.

058 바이오스/UEFI 화면 스크린샷 찍기

BIOS/UEFI 화면 캡처 | 활용분야 : 컴퓨터 설정

CMOS 비밀번호 설정 등의 보안지침이 내려오면 누군가가 관련 매뉴얼을 작성해서 동료들에게 배포해야 합니다. 혼자서 일일이 모든 직원의 컴퓨터를 설정해 줄 수는 없기 때문이지요. 특히 공공기관의 경우 컴퓨터를 잘 다루지 못하는 분들이 많기 때문에 상세한 매뉴얼 작성은 정말 중요한 업무입니다.

하지만 일반적인 프로그램 설정과 달리 CMOS 화면은 스크린샷을 클립보드에 저장할 수 없습니다. 그래서인지 간혹 휴대폰 카메라로 모니터 화면을 찍어 스크린샷 대신 사진을 첨부하며 매뉴얼을 작성하는 경우가 있지만, 이런 사진들은 물결무늬처럼 노이즈가 발생하여 글자를 읽기가 힘듭니다.

지금부터 BIOS 화면 또는 UEFI 화면의 스크린샷을 찍는 방법을 살펴보겠습니다. 먼저 준비물로 USB가 필요합니다. 공공기관 컴퓨터의 경우 보안정책상 USB 삽입이 불가능한 경우가 많으므로 이 방법을 따라 할 수 없을 수도 있습니다.

USB를 삽입하고 탐색기에서 마우스 오른쪽 버튼으로 클릭해 〈속성(R)〉 메뉴를 클릭합니다.

〈일반〉 탭에서 〈파일 시스템〉 항목을 확인합니다. "FAT32"라고 기재되어 있을 경우 이 USB를 사용할 수 있으며, 다른 값이 기재되어 있을 경우 이 USB를 사용하려면 포맷을 해야 합니다. 포맷을 진행할 경우 USB 내에 수록된 자료가 모두 삭제되므로 주의가 필요합니다.

USB를 포맷하는 방법은 다음 팁에서 안내합니다. 다음 팁의 내용을 따라 USB를 FAT32 파일 시스템으로 포맷해 준비하기 바랍니다. USB가 준비되었다면 컴퓨터에 삽입하기 바랍니다. USB가 체결된 상태로 컴퓨터를 부팅하며 BIOS 혹은 UEFI 설정 화면으로 진입하세요. 모든 준비가 끝났습니다.

이 상태에서 F12 또는 PrtSc 를 눌러 보기 바랍니다. 혹시 팝업 창이 보이나요? 팝업 창이 보이지 않는다면 아쉽지만 이 컴퓨터는 스크린샷 촬영 기능을 제공하지 않습니다. 팝업 창에서 스크린샷을 저장할 장치를 선택할 수 있습니다. USB 디스크를 선택하고 Enter↵ 를 누르면 USB에 스크린샷이 하나씩 저장됩니다.

작업이 모두 끝난 뒤 설정 화면을 종료하고 정상적으로 윈도우로 부팅하면 USB에 저장된 스크린샷을 확인할 수 있습니다.

059

USB, 하드디스크 등 저장장치에서 모든 정보 삭제하기

디스크 포맷 | 활용분야 : 컴퓨터 설정

포맷은 컴퓨터의 저장장치를 깨끗하게 비우는 행위를 의미합니다. USB, 하드디스크, SSD, 메모리카드 등의 저장장치를 포맷하면 내용물이 모두 삭제됩니다.

포맷을 하는 이유는 다양합니다. 장치에 쌓인 찌꺼기들을 한꺼번에 제거해 성능과 수명을 연장시키려는 목적으로 포맷을 할 수도 있으며, 디스크에 파일을 저장하는 방식을 변경하기 위해 포맷을 할 수도 있습니다.

디스크 포맷은 윈도우 포맷(PC 초기화)과는 약간 다른 개념입니다. 일반적으로 윈도우를 포맷한다는 표현은 컴퓨터에 장착된 디스크를 포맷하고, 빈 공간에 윈도우를 재설치하는 행위를 의미합니다. 단순히 디스크를 포맷할 경우 디스크에 저장되어 있던 윈도우 시스템이 함께 삭제되기 때문에 컴퓨터가 부팅되지 않습니다. 윈도우를 포맷하는 방법은 다음 팁에서 소개합니다.

❶ 장치 삽입

포맷하려는 USB 디스크를 컴퓨터에 삽입합니다. 컴퓨터에 장착된 하드디스크를 포맷하려는 경우에는 다음 단계로 바로 넘어가서도 좋습니다.

❷ 탐색기 실행

윈도우 탐색기에서 〈내 PC〉를 클릭합니다.

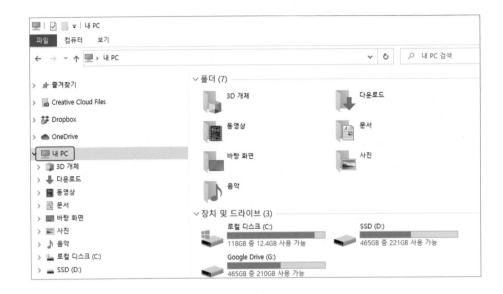

❸ 디스크 포맷 도구 실행

포맷하려는 디스크를 마우스 오른쪽 버튼으로 클릭하고 〈포맷(A)〉 메뉴를 선택하면 포맷 도구가 실행됩니다.

❹ 디스크 포맷

UEFI 스크린샷 촬영, 부팅 디스크 제작 등 특수한 작업을 위해 파일 시스템을 설정하려면 〈파일 시스템(F)〉 메뉴를 클릭하여 원하는 파일 시스템을 선택합니다.

〈포맷 옵션(O)〉의 〈빠른 포맷(Q)〉은 말 그대로 포맷을 빠르게 진행하는 메뉴입니다. 빠른 포맷 기능을 해제할 경우 시간이 훨씬 오래 걸리지만, 데이터를 복구하기 곤란한 수준으로 삭제하며 포맷이 진행되고, 메모리를 스캔하며 오류가 있다면 이를 수정하는 작업도 수행합니다. 고장 난 저장장치를 버리기 아까워 심폐소생술 삼아 포맷해 보는 경우가 아니라면 일반인이 빠른 포맷 기능을 해제할 필요는 없습니다.

〈시작(S)〉 버튼을 클릭하면 저장장치의 포맷이 시작됩니다. 디스크의 용량이나 형태, 성능에 따라서 오랜 시간이 소요될 수도 있습니다. 포맷이 완료된 디스크를 열어보면 파일이 모두 삭제된 텅 빈 디스크를 확인할 수 있습니다.

060 윈도우를 처음 상태로 포맷하기

PC 초기화 | 활용분야 : 컴퓨터 설정

컴퓨터가 바이러스에 걸려 정상적으로 작동하지 않거나, 불필요한 파일이 너무 많은 경우 윈도우를 포맷하면 도움이 될 수 있습니다. 또한 컴퓨터나 노트북을 중고로 판매할 때도 PC를 초기화하는 것이 좋습니다. 사용 기록이나 개인정보가 제3자에게 넘어갈 수 있기 때문입니다.

원래 컴퓨터를 포맷하는 과정은 복잡하고 어렵습니다만, 윈도우 8 이후 버전부터는 〈PC 초기화〉라는 이름의 기능으로 손쉬운 포맷 도구가 탑재되었습니다. 엄밀히 따지자면 PC 를 완벽히 포맷하는 것이 아닌 윈도우 재설치에 가까운 행위이며, 마이크로소프트 사의 공식 명칭을 존중하는 차원에서 포맷 대신 PC 초기화라는 용어를 사용하겠습니다.

단, PC 초기화는 한 번 시도하면 돌이킬 수 없습니다. 모든 자료가 삭제되므로 이를 반드 시 명심하고, 꼭 필요할 때만 따라하기 바랍니다.

▦를 누르고 "이 PC 초기화"를 입력합니다. 로딩이 완료되었다면 Enter↵를 눌러 PC 초기화 기능을 실행합니다.

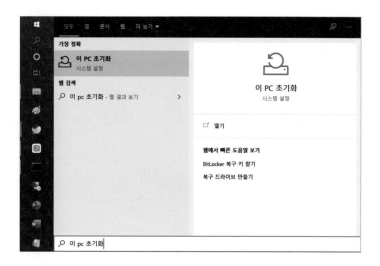

〈이 PC 초기화〉 항목의 〈시작〉 버튼을 클릭합니다.

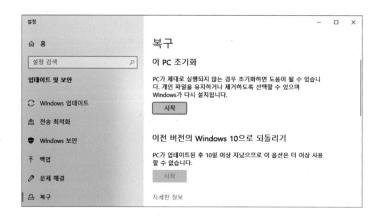

파일을 유지하면서 설정만 제거하려면 〈내 파일 유지〉를 클릭하면 됩니다만, 실질적으로 사용할 일이 거의 없습니다. 파일과 설정을 모두 제거하려면 〈모든 항목 제거〉를 클릭합니다.

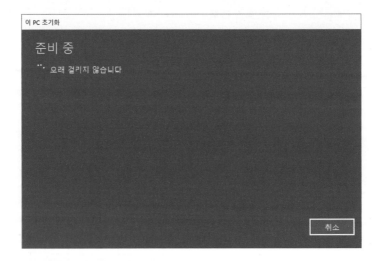

메뉴를 선택하면 컴퓨터가 작업을 위한 준비를 실행합니다.

PC를 완전히 초기화한 다음 윈도우를 다시 설치하기 위한 방법을 선택해야 합니다. 〈
클라우드 다운로드〉를 선택하여 설치하면 무난합니다. 단, 컴퓨터가 인터넷에 연결되어
있어야 합니다.

이 PC 초기화

Windows를 다시 설치하는 방법을 선택하세요.

클라우드 다운로드
Windows 다운로드 및 다시 설치

로컬 다시 설치
이 장치에서 Windows 다시 설치

클라우드 다운로드에서 4GB 이상의 데이터를 사용할 수 있습니다.

선택 방법   뒤로   취소

설정을 확인한 다음 〈다음〉 버튼을 클릭합니다.

이 PC 초기화

추가 설정

현재 설정:
• 앱 및 파일 제거. 드라이브 정리 안 함
• Windows 드라이브에서만 파일 모두 삭제
• Windows 다운로드 및 다시 설치

설정 변경
클라우드 다운로드에서 4GB 이상의 데이터를 사용할 수 있습니다.

자세한 정보   뒤로   다음   취소

모든 준비가 끝났습니다. 〈다시 설정〉 버튼을 클릭하면 돌이킬 수 없는 작업이 실행됩니다. 컴퓨터가 초기화되고 윈도우가 다시 설치될 때까지 컴퓨터 전원과 인터넷 연결이 끊어지지 않도록 주의하세요.

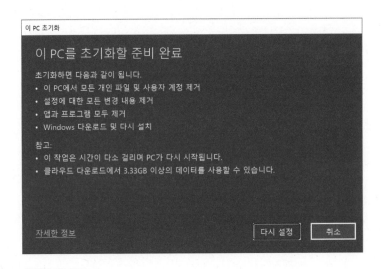

윈도우 8 이전의 버전을 사용 중이라면 윈도우 부팅 디스크를 만든 후 윈도우 설치 화면으로 접근하여 윈도우를 포맷해야 합니다. 상세한 방법은 다음 팁에서 소개하겠습니다.

061 〈 윈도우 설치를 위한 부팅 디스크 만들기

윈도우 USB 부팅 디스크 | 활용분야 : 컴퓨터 설정

컴퓨터의 메인보드는 부팅 과정에서 디스크들을 스캔합니다. 그리고 그 과정에서 OS가 설치된 디스크를 발견한다면, 그곳에 저장된 OS를 활용하여 부팅을 마무리합니다.

윈도우 설치 USB 메모리는 윈도우 설치를 위한 시스템이 탑재된 USB 메모리를 의미합니다. 부팅 과정에서 하드디스크 대신 USB 메모리로 부팅을 실행하면 윈도우를 새로 설치하거나 하드디스크를 포맷하는 등의 작업을 수행할 수 있습니다.

한 번 만들어 두면 계속해서 재활용하며 컴퓨터를 포맷하거나 윈도우를 설치할 수 있는 유용한 도구입니다. 예비용으로 하나씩 구비해 두면 문제가 발생하거나 새 기기를 구매할 때 많은 시간을 절약할 수 있습니다.

윈도우 설치 USB로 가공할 USB 메모리를 컴퓨터에 삽입하고 다음 과정을 따라오기 바랍니다. 단, USB 메모리에 저장된 내용은 모두 삭제되므로 주의하세요. 8GB 이상의 용량을 보유한 USB 메모리 사용을 권장합니다.

아래 URL을 활용해 마이크로소프트 홈페이지에 접속하고, 부팅 디스크 제작 도구를 다운로드합니다.

https://www.microsoft.com/ko-kr/software download/windows10

〈지금 도구 다운로드〉 메뉴를 클릭하면 됩니다.

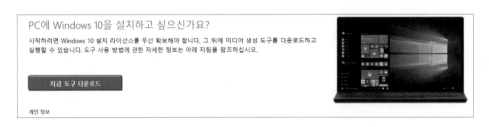

〈동의〉 버튼을 눌러 진행합니다.

〈다른 PC용 설치 미디어 만들기〉 메뉴를 체크하고 〈다음〉 버튼을 누릅니다.

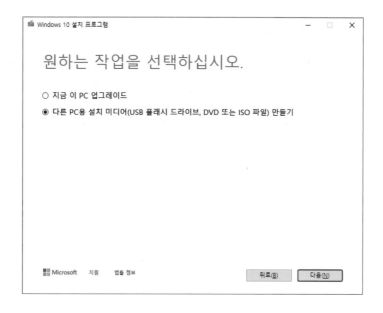

원하는 언어와 에디션, 아키텍처를 선택합니다. 아래 그림과 같이 설정하면 거의 모든 컴퓨터에서 무리 없이 작동합니다. 〈다음〉 버튼을 클릭합니다.

〈USB 플래시 드라이브〉를 선택하고 〈다음〉 버튼을 누릅니다.

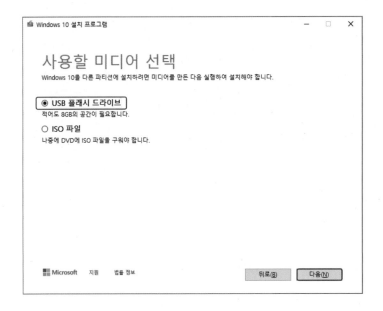

윈도우 설치를 위한 OS 파일 다운로드가 시작됩니다.

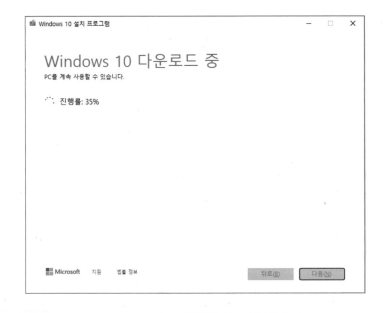

여러분이 방심한 사이 쥐도 새도 모르게 OS 설치가 마무리되고, 스리슬쩍 다음 작업이 진행되고 있을 것입니다. 괘씸한 컴퓨터!

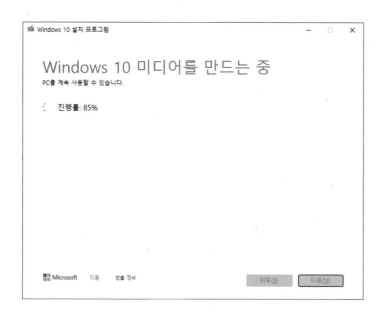

윈도우 설치용 디스크로 활용할 USB 메모리를 선택하고 〈다음〉 버튼을 누릅니다.

잠시 기다리면 모든 작업이 마무리되어 윈도우 설치용 USB 메모리가 완성됩니다. 〈마침〉
버튼을 누릅니다.

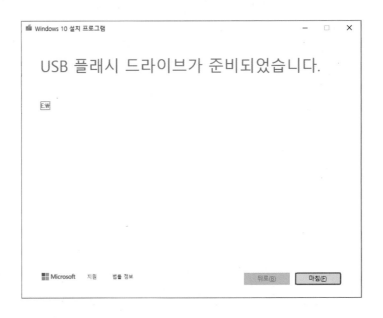

잠시 기다리면 윈도우 설치 USB 제작이 완료됩니다. 탐색기에서 USB를 열어보면 아래
그림과 같은 모습일 것입니다. 모든 작업이 마무리되었습니다. 윈도우 설치 USB를 활용
하는 본격적인 방법을 다음 팁에서 소개하겠습니다.

062 윈도우 설치를 위한 부팅 디스크 선택하기

부팅 옵션 | 활용분야 : 컴퓨터 설정

윈도우 설치 USB 메모리를 활용하는 방법을 알아보겠습니다. 이 방법은 직접 만든 윈도우 설치 USB 메모리뿐 아니라 패키지로 판매되는 USB 메모리에도 적용 가능한 방법입니다. 또한 윈도우뿐만 아니라 리눅스 등 다른 OS를 설치하는 용도로도 사용 가능합니다.

컴퓨터 부팅 시 나오는 로딩 화면을 자세히 살펴보면 "Boot Menu"라는 문구를 발견할 수 있습니다.

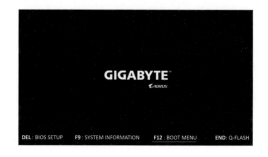

Gigabyte사의 메인보드 제품은 부팅 과정에서 F12를, ASRock사의 제품은 F11를 눌러 부트 메뉴를 활성화할 수 있습니다.

오래된 기종의 경우 부팅 관련 메뉴가 제공되지 않을 수도 있습니다. 이런 경우에는 BIOS 또는 UEFI 설정으로 진입하여 부팅 우선순위를 수정한 후 설치 USB로 부팅해야 합니다. 상세한 방법은 다음 팁에서 다루겠습니다.

부트 메뉴를 활성화하면 아래 그림과 같은 메뉴로 접속할 수 있습니다. 사용하는 기종에 따라 모양에 조금 차이가 있을 수 있습니다. 이 화면에서 USB 또는 UEFI라는 문구가 포함된 메뉴를 선택해 주세요. 혹시 윈도우 설치 USB의 기종명을 알고 있다면 해당 메뉴를 바로 선택하면 됩니다.

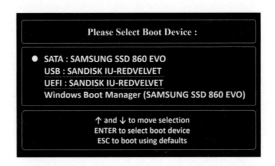

만약 윈도우 설치 USB를 하나만 꽂았는데 여러 개의 USB 메뉴가 인식된다면 다른 USB 장치를 제거하거나, 윈도우 설치 화면이 나올 때까지 번갈아 가며 선택해 보아야 합니다.

윈도우 설치 USB 메모리를 선택했다면 Enter↲를 누릅니다. SSD나 HDD가 아니라 USB 메모리에 설치된 OS를 불러와 컴퓨터가 부팅됩니다. 컴퓨터를 다시 종료할 때까지 절대로 USB가 분리되지 않도록 조심하기 바랍니다. 윈도우를 설치하는 보다 상세한 방법은 잠시 뒤에 안내하겠습니다.

오늘 소개한 방법은 디스크를 거치지 않고 USB에 설치된 OS를 부팅시키는 방법입니다. 우분투 리눅스 설치 USB의 경우 파일 설치뿐 아니라 USB상에서 리눅스를 작동시켜 파일을 탐색하거나 프로그램을 실행해 볼 수 있는 기능을 제공합니다. 이 기능을 활용하면 윈도우 보안을 무력화할 수 있습니다. 윈도우에서 작성된 보안 프로그램은 리눅스에서 정상적으로 실행되지 않기 때문입니다.

실제로 2016년에 이와 관련된 보안 범죄가 있었습니다. 26세인 7급 공무원 시험 응시생 송모씨가 USB에 리눅스를 설치하고 인사혁신처 청사로 침입하여 컴퓨터 2대를 리눅스로 실행했습니다. 그는 윈도우 보안을 우회한 채로 유유히 자신의 시험 점수를 합격권으로 위조했습니다. 다행히 그의 범죄행각이 적발되었으나 부팅 설정을 활용한 디지털 범죄에 소중한 자료들이 노출되어 있다는 점이 재조명되었습니다.

부팅 옵션은 단순히 윈도우를 설치하기 위해 마련되어 있는 기능이 아닙니다. 유용하기도 하며 위험할 수도 있으므로 중요한 데이터를 보호할 때 이런 사례를 함께 고려하기 바랍니다.

063 윈도우 설치를 위해 부팅 우선순위 변경 하기

BIOS/UEFI 부팅 순서 | 활용분야 : 컴퓨터 설정

어느 조직이든 전산팀도 아니면서 컴퓨터가 고장 나면 불려 다니는 사람들이 있습니다. 너무 유능한 게 죄죠. 아휴. 고생이 참 많으십니다. 이번에는 여러분들의 노고를 조금이나 마 줄여줄 수 있는 꿀팁을 전수해 드리겠습니다.

BIOS 또는 UEFI 설정 화면에 접속하면 〈BOOT Option〉 등 부팅 옵션을 설정할 수 있는 메뉴가 있습니다. ASUS사 UEFI의 경우 메뉴 이름이 〈Boot〉로 설정되어 있습니다.

메뉴 내부에서 〈Boot Priority〉 또는 〈Boot Option Priorities〉 항목을 확인해 보겠습니다. UEFI 언어가 한국어로 설정된 경우 〈부팅 우선 순위〉 등의 이름으로 기재되어 있을 것입니다. 기본적으로는 윈도우가 설치된 SSD나 HDD가 제1순위로 설정되어 있을 것입니다.

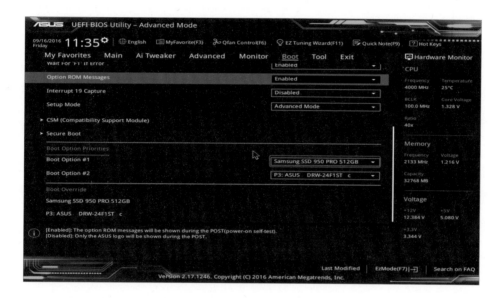

SSD나 HDD의 부팅 우선순위를 2순위로 내려버리고 1순위를 UEFI 또는 USB 메모리로 설정합니다. USB 메모리 활용이 불가능한 공공기관에서는 CD/DVD-ROM를 활용해 윈도우를 설치하므로, 1순위를 CD-ROM으로 설정합니다. 설정이 완료되었으면 저장 후 설정화면을 종료합니다.

이제 이 컴퓨터는 부팅 시점에 윈도우 설치 USB나 CD/DVD가 삽입되어 있을 경우에는 설치 모드로 실행되고, 삽입되어 있지 않을 경우에는 평범한 윈도우 OS로 실행됩니다. 한 번 컴퓨터를 이렇게 세팅해 두면 포맷을 해야 하거나 OS를 재설치해야 할 때 BIOS/UEFI 설정 진입을 생략할 수 있어 상당히 작업이 수월해집니다.

혼자서 컴퓨터 50여 대를 고치러 불려 다니던 시절에 많은 시간을 절약해줬던 팁입니다.

064 윈도우 설치하기

윈도우 설치 | 활용분야 : 컴퓨터 설정

설치 USB도 만들고 부팅 방법도 알아보느라 고생 많았습니다. 이제 윈도우를 설치하는 방법을 살펴보겠습니다.

컴퓨터에 윈도우 설치 USB나 CD/DVD-ROM을 삽입한 채로 전원 버튼을 눌러 컴퓨터를 작동시킵니다. 부팅 과정에서 〈Boot Menu〉를 활용하거나 부팅 우선순위 설정을 활용해 윈도우 설치 USB로 부팅합니다.

아래 그림과 같은 화면이 표시될 것입니다. 언어나 키보드 종류를 확인하고 〈다음(N)〉 버튼을 누릅니다.

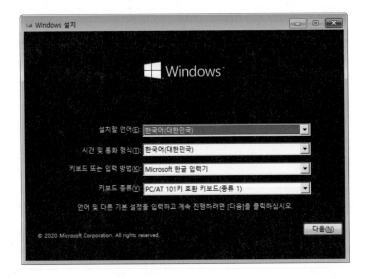

〈지금 설치(I)〉 버튼을 누릅니다. 잠시간의 로딩이 진행됩니다.

윈도우 정품 인증을 위해 제품 키를 입력합니다. 지금 제품 키가 없다면 하단의 〈제품 키가 없음(I)〉을 클릭합니다. 나중에 제품 키를 구매하여 정품 인증을 수행할 수 있습니다.

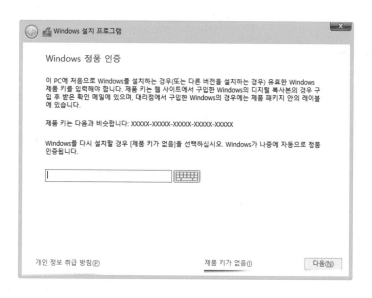

약관에 동의하고 〈다음(N)〉 버튼을 클릭합니다.

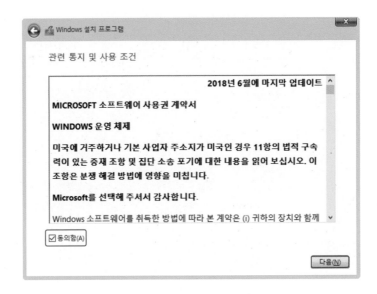

하단의 〈사용자 지정: Windows만 설치(고급)(C)〉를 선택합니다.

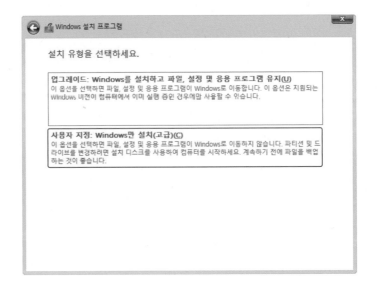

디스크를 포맷하거나 파티션을 만들 수 있는 메시지 창이 발생합니다. 디스크에 파티션이 아무것도 없는 경우 아래와 같이 〈할당되지 않은 공간〉 1개만 조회됩니다. 할당되지 않은 공간에는 새로운 파티션을 만들 수 있습니다. 〈새로 만들기(E)〉를 클릭하여 이 〈할당되지 않은 공간〉에 새로운 파티션을 만들어 봅니다.

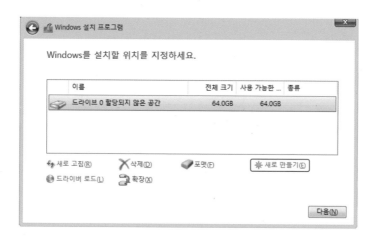

〈새로 만들기(E)〉를 클릭하여 새로운 파티션을 만들어봤습니다. 〈파티션 1: 시스템 예약〉
은 윈도우가 정상적으로 작동하도록 도와줄 프로그램을 설치하기 위하여 시스템이 자동으
로 제작한 파티션입니다. 〈파티션 2〉는 〈새로 만들기(E)〉를 통해 제작한 29GB 용량의 새
로운 파티션입니다. 별도로 아직 할당되지 않은 공간이 34.7GB가 남아있네요.

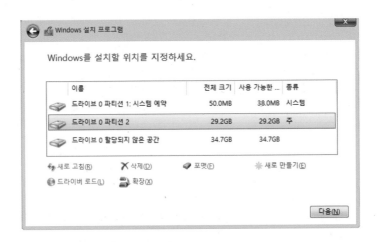

파티션을 삭제하거나 포맷할 수도 있습니다. 기존에 데이터가 남아있던 컴퓨터에서 윈도
우를 설치하려 시도하면 위와 같이 여러 개의 파티션이 조회될 것입니다. 컴퓨터를 완벽
히 포맷하고 윈도우를 설치하려면 모든 파티션을 삭제한 다음, 〈할당되지 않은 공간〉을
클릭하고 〈다음(N)〉 버튼을 클릭하면 됩니다.

단, 컴퓨터에 여러 개의 HDD나 SSD가 연결되어 있다면 〈할당되지 않은 공간〉에 〈새로
만들기(E)〉를 통하여 새 파티션을 생성한 다음 진행하는 것이 좋습니다. 디스크가 인식
되지 않는 문제를 예방할 수 있습니다.

〈다음(N)〉 버튼을 클릭하면 윈도우 설치가 자동으로 진행됩니다. 윈도우 설치가 마무리 되면 안내 메시지를 따라 계정 설정과 장치 설정을 진행하면 됩니다.

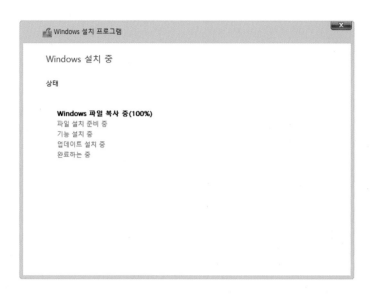

윈도우 버전에 따라 설치 과정에서 일부 화면의 디자인이 다를 수 있습니다. 설치 중 사용 자 편의성 설정 화면과 광고 수신 여부를 물어보는 화면이 나온다면 모두 '아니오(No)'를 선택하고 설치를 진행하면 됩니다. 또한 설치 과정에서 마이크로소프트 계정이 필요할 수 도 있습니다.

065 최신 윈도우 장치 드라이버를 가장 쉽게 설치하기

3DP Chip | 활용분야 : 컴퓨터 설정
지원OS : 윈도우

기계와 반도체로 된 하드웨어가 어떻게 소프트웨어의 명령을 따라 움직이는지 궁금증을 가져 보신 적이 있으신가요? 우리가 새로 산 기기를 컴퓨터에 연결하면 컴퓨터는 연결된 장치의 정체가 무엇인지 파악하기 위해 노력합니다.

기기의 정체가 확인되면, 해당 기기를 제어하고 소통하기 위해 필요한 프로그램이 컴퓨터에 설치되어 있는지 스캔합니다. 이렇게 하드웨어 장치가 컴퓨터에서 인식되고 작동할 수 있도록 연결해 주는 프로그램을 드라이버라고 부릅니다.

컴퓨터에 적절한 드라이버가 설치되어 있다면, 컴퓨터는 드라이버를 불러와 장치와 소통하기 위한 용도로 사용합니다. 반면 드라이버가 설치되어 있지 않다면 오류가 발생하거나, 새로 연결한 기기가 먹통이 됩니다.

예전에는 윈도우를 포맷한 뒤 드라이버를 하나하나 설치해야 컴퓨터가 정상적으로 장치들을 인식했지만 윈도우 10부터는 별도의 드라이버 설치 없이도 대부분 장치가 정상적으로 작동합니다. 단, 그래픽카드나 일부 프린터의 경우 제조사 홈페이지에서 전용 드라이버를 설치해야 작동할 수도 있습니다.

만약 윈도우 10 이전 버전의 윈도우를 사용 중이라면 컴퓨터에 연결된 장치마다 전용 드라이버를 설치해야 할 수도 있습니다. 컴퓨터에 연결된 장치들과 기종 이름을 하나하나 파악하고, 제조사 홈페이지에서 드라이버를 설치해야 하는 과정은 매우 번거로운 일입니다.

이 과정을 모두 자동화할 수 있는 편리한 도구가 있습니다. 이름하여 3DP Chip! 아래 URL로 접속하여 다운로드할 수 있습니다.

https://www.3dpchip.com/3dp/chip_down_kor.php

하단의 파란색 글자를 클릭해 최신 버전을 다운로드합니다.

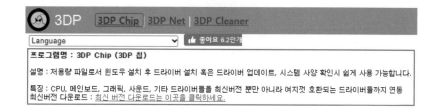

프로그램을 실행하면 아래 그림과 같은 화면이 등장합니다. 드라이버가 설치되어 있지 않거나 업데이트가 필요한 경우 아래 그림과 같이 노란색 동그라미에 붉은 느낌표가 그려져 있는 아이콘이 표시됩니다. 해당 항목을 클릭하면 최신 버전의 호환 드라이버를 설치할 수 있습니다.

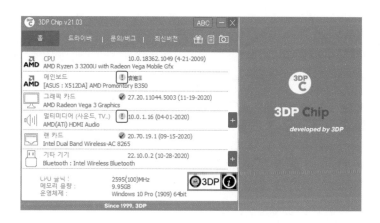

7

알고 보면 쉬운 **컴퓨터 설정**,
직접 시도하기

알고 보면 쉬운 컴퓨터 설정, 직접 시도하기

IP 주소 설정이나 프린터 설정, 윈도우 복원까지. 어려워 보이지만 조금만 익숙해지면 쉽게 할 수 있는 일들입니다. 컴퓨터로 업무를 처리하다 보면 한두 번씩은 반드시 부닥쳐야 하는 컴퓨터 설정 작업! 직접 처리하는 방법을 차근차근 알려드릴게요!

066 내 PC 사양 한눈에 확인하기

시스템 정보 | 활용분야 : 컴퓨터 활용 일반

프로그램의 호환성 문제나 부품 업그레이드 등을 위해 컴퓨터의 사양을 확인하는 방법을 소개하겠습니다.

⊞를 누른 다음 "시스템 정보"를 입력합니다. 아래 그림과 같이 〈시스템 정보〉가 로딩되었다면 Enter↵를 눌러 주세요.

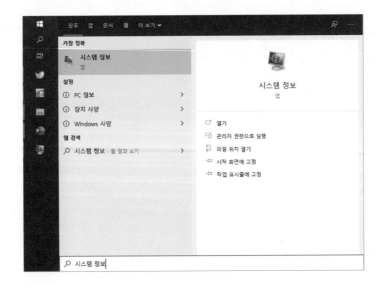

〈시스템 정보〉 창이 활성화되었습니다. 우측 영역에서 PC에 대한 거의 모든 사양 정보를 확인할 수 있습니다.

컴퓨터가 32비트 운영체제인지 아니면 64비트 운영체제인지 확인하려면 "시스템 종류" 항목을 확인하면 됩니다. x64라는 문자가 기재되어 있다면 64비트 운영체제이며 x86 또는 32라는 문자가 기재되어 있다면 32비트 운영체제입니다.

이외에도 OS 버전, CPU 이름, 메인보드 기종명, 메모리 용량 등의 다양한 정보들을 한 번에 확인할 수 있습니다.

067 인터넷을 사용하기 위해 IP 주소를 설정하기

고정 IP 설정 | 활용분야 : 컴퓨터 설정

대부분 공공기관과 대기업에서는 직원 한 명 한 명에게 IP 주소를 할당합니다. 이것을 '고정 IP'라고 합니다. 컴퓨터로 인터넷에 접속하려면 전산팀에 요청해 IP 주소를 발급받고 컴퓨터의 IP 주소를 설정하는 과정이 필요합니다. 대부분 가정의 경우 유동 IP를 사용하므로 이 팁을 건너뛰어도 됩니다.

■를 누른 다음 "네트워크 연결 보기"를 입력합니다. 아래 그림과 같이 제어판의 〈네트워크 연결 보기〉 메뉴가 검색되었다면 Enter↵를 누릅니다.

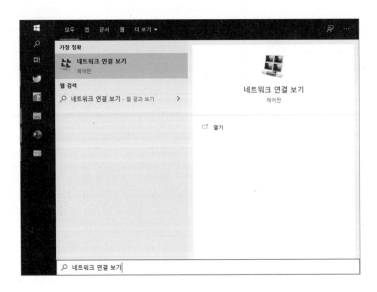

〈네트워크 연결〉창이 실행되었습니다. 이더넷 또는 Ethernet이라고 기재된 항목은 유선 인터넷 연결을 설정하기 위한 도구이며 Wi-Fi라는 이름이 기재된 아이콘은 무선 인터넷 연결을 설정하기 위한 도구입니다.

무선 네트워크와 유선 네트워크 중 설정하려는 대상을 마우스 오른쪽 버튼으로 클릭합니다. 그리고 〈속성(R)〉버튼을 누릅니다.

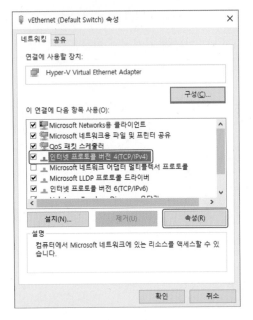

〈네트워킹〉 탭에서 〈이 연결에 다음 항목 사용(O)〉 메뉴를 살펴보면 "IPv4"라는 내용이 기재된 항목을 찾을 수 있습니다. 이 항목을 클릭하고 〈속성(R)〉 메뉴를 누릅니다. 이때 체크가 해제되지 않도록 주의하세요.

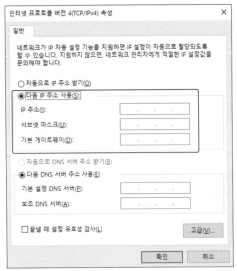

〈다음 IP 주소 사용(S)〉에 체크하면 하단의 입력창이 활성화됩니다. 여기에 전산팀에서 전달받은 IP 주소와 서브넷 마스크, 게이트웨이 등의 정보를 입력합니다. 혹시 일부 정보를 전달받지 못했다면 전산팀에 전화해서 정보를 요청합니다. 경우에 따라 일부 칸을 비워 둔 채로 작업이 끝날 수도 있습니다.

작업이 끝났다면 〈확인〉 버튼을 눌러 창을 빠져나오고, 다시 〈확인〉 버튼을 눌러 창을 마저 닫아줍니다. 약 1분가량의 시간이 지나면 IP 주소가 인식되어 정상적으로 인터넷에 접속할 수 있게 됩니다.

068 〉 32비트와 64비트 윈도우 차이를 알아보기

시스템 종류 | 활용분야 : 컴퓨터 활용 일반

앞서 우리는 시스템 정보를 확인하는 방법을 살펴봤습니다. 그런데 〈시스템 종류〉 항목에 기재되어 있던 32비트, 64비트 운영체제의 차이가 무엇일까요?

컴퓨터는 1과 0의 조합으로 작동합니다. 이때 1이나 0 숫자 하나를 비트(bit)라고 부릅니다. 32비트 시스템은 데이터를 표현할 때 32자리 숫자를 사용하고, 64비트 시스템은 64자리 숫자를 사용합니다.

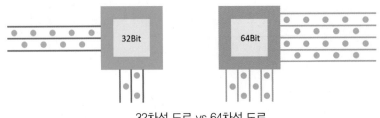

32차선 도로 vs 64차선 도로

이 구조의 차이는 시스템의 성능에 영향을 미칩니다. 32비트 운영체제와 64비트 운영체제의 성능은 마치 32차선 도로와 64차선 도로의 차이와 비슷하다고 생각해도 무방합니다. 64비트 운영체제가 훨씬 효율적으로 데이터를 처리할 수 있으므로 시스템의 속도나 성능 또한 64비트 시스템이 우월합니다. 또한 32비트 운영체제의 경우 메모리(RAM)를 4GB까지만 인식할 수 있다는 문제도 있습니다. 따라서 특별한 이유가 없다면 64비트 운영체제를 설치하는 것이 좋습니다.

한때 컴퓨터는 32비트 데이터만 처리할 수 있었고, 64비트를 처리할 수 있는 CPU의 등장은 마치 혁명과도 같았습니다. 이 시기에 운영체제가 32비트형과 64비트형으로 분리된 것입니다. 최근에 판매되는 거의 모든 CPU는 64비트 데이터를 처리할 수 있으므로 윈도우를 설치할 때도 64비트 운영체제로 설치하는 것이 좋습니다.

간혹 관공서용 컴퓨터에 32비트 윈도우가 설치되어 납품되는 경우가 있습니다. 기업용 윈도우 라이선스 가격이 32비트형이 약간 더 저렴하기 때문입니다. 현재 네이버 쇼핑 기준으로 기업용 라이선스인 "Microsoft Windows 10 Pro"의 가격은 32비트형이 64비트형에 비하여 100원 더 저렴한 것으로 확인됩니다.

32비트에서 더 잘 작동하는 특별한 프로그램을 사용하는 것이 아니라면 기자재를 구매하는 부서에서 한 차례 확인하고 64비트형으로 발주하는 것이 바람직하리라 생각됩니다.

069 〈 USB로 연결된 프린터 추가하기

로컬 프린터 연결 │ 활용분야 : 프린터 설정

개인용 프린터는 USB 케이블로 컴퓨터에 연결해 사용하는 경우가 대부분입니다. 이렇게 1대의 PC에서만 직접 연결이 가능한 프린터를 '로컬 프린터'라고 합니다. USB 케이블로 연결된 프린터를 컴퓨터에 추가하는 방법을 알아보겠습니다.

가장 중요한 것은 프린터 제조사에서 제공하는 드라이버입니다. 프린터 본체에 기재된 제조사명과 기종명을 메모하고, 제조사 홈페이지에서 해당 기종에 해당하는 드라이버를 다운로드하여 컴퓨터에 설치하기 바랍니다. 이름이 비슷한 다른 기종의 드라이버를 설치하면 안 됩니다. 기종명이 완벽히 일치하는 프린터 드라이버를 설치해야 문제가 발생하지 않습니다.

최신 버전의 윈도우에서는 드라이버가 설치된 프린터가 연결되면 자동으로 인식하는 기능이 제공됩니다. 대부분의 경우 드라이버 설치 후 프린터와 컴퓨터를 USB로 연결하면 프린터가 정상적으로 인식됩니다.

일부 드라이버의 경우 자동 인식이 되지 않으나, 드라이버의 설치 과정에서 프린터 연결을 도와줍니다. EPSON사의 프린터 드라이버는 아래 그림과 같이 설치 과정에서 프린터를 자동으로 연결할 수 있도록 안내가 제공됩니다.

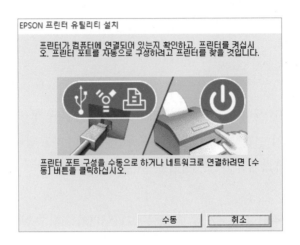

프린터 드라이버 설치 과정에서도 프린터 연결 방법이 안내되지 않는다면 〈프린터 또는 스캐너 추가〉 기능을 활용하셔야 합니다. 이 기능을 사용하는 방법은 다음 팁에서 안내하고 있으니, 이를 참고하여 프린터를 추가하기 바랍니다.

070 〉 네트워크로 연결된 프린터 추가하기

네트워크 프린터 연결 | 활용분야 : 프린터 설정

최근 출시되는 프린터는 대부분 유무선 랜카드가 내장되어 있습니다. 즉, 유선으로 랜 케이블을 연결하거나 무선으로 와이파이에 연결하여 사용할 수 있습니다. 주로 한 대의 프린터를 여러 사람이 공동으로 사용할 수 있으며, 이것을 '네트워크 프린터'라고 합니다. 회사나 관공서에서 많이 활용하는 형태입니다.

네트워크 프린터를 설치하기에 앞서 프린터 기종에 맞는 전용 드라이버를 설치해야 합니다. 프린터 본체에 적혀있는 제조사명과 기종명을 메모한 다음, 제조사 홈페이지를 검색해 해당 기종에 맞는 드라이버를 컴퓨터에 설치해 주세요.
간혹 드라이버가 자체적으로 프린터 연결을 자동으로 설치해 주는 경우도 있습니다. 이 경우 제조사 드라이버의 안내 메시지를 따라 작업을 마무리하면 됩니다.

드라이버가 설치되었다면 ▦를 누르고 "프린터 및 스캐너"를 입력합니다. 아래 그림과 같이 해당 항목이 로딩되었다면 Enter↲를 누릅니다.

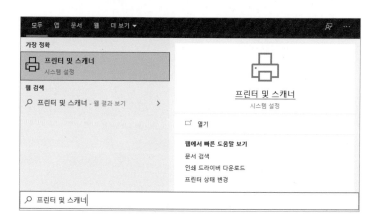

화면 상단의 〈프린터 또는 스캐너 추가〉를 클릭합니다.

컴퓨터가 현재 연결 가능한 프린터를 자동으로 스캔합니다. 연결 가능한 프린터는 목록에 표기되는데, 이 목록에 연결하려는 프린터가 표시된다면 해당 항목을 클릭하기 바랍니다. 혹시 메뉴에 연결하려는 프린터가 표시되지 않는다면 메뉴 하단의 〈원하는 프린터가 목록에 없습니다.〉를 클릭하기 바랍니다.

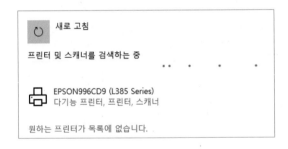

〈장치 추가〉라는 메뉴가 활성화됩니다. 이 버튼을 클릭하면 프린터가 추가됩니다.

〈프린터 추가〉 화면이 나타납니다. 여기에서 중간에 있는 〈TCP/IP 주소 또는 호스트 이름으로 프린터 추가(I)〉 메뉴를 선택하고 〈다음(N)〉 버튼을 클릭합니다.

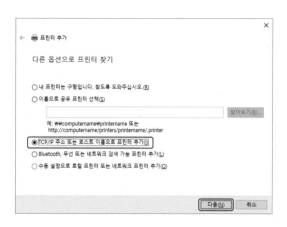

〈호스트 이름 또는 IP 주소(A)〉 항목에 프린터의 IP 주소를 입력합니다. 프린터의 IP 주소는 전산팀에 요청하여 제공받을 수도 있지만 대부분 프린터에서 직접 확인할 수 있습니다. 인터넷 연결 기능을 제공하는 대부분 프린터는 프린터의 현재 상태를 프린트하는 기능이 내장되어 있습니다. 직접 프린터를 살펴보고 (i)라고 기재된 버튼이 있다면 버튼을 누릅니다. 프린터에 액정 화면이 있다면 설정 부분을 살펴보고 프린터 정보를 인쇄하기 바랍니다.

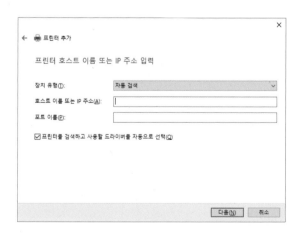

프린터 정보를 인쇄한 페이지의 예시입니다. 〈IP Address〉 항목을 살펴보면 이 프린터의 IP 주소가 기재되어 있습니다. 이것을 〈프린터 추가〉 창에 입력하면 됩니다.

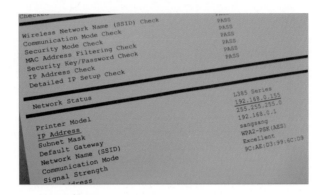

〈다음(N)〉 버튼을 클릭하면 컴퓨터가 프린터와의 통신을 시도하고, 통신이 정상적으로 수행된다면 프린터가 컴퓨터에 추가됩니다.

071 윈도우 시스템 파일을 백업하기

윈도우 복원 지점 만들기 | 활용분야 : 컴퓨터 설정

컴퓨터를 사용하다 보면 여러 가지 설정이 꼬이거나 프로그램끼리 충돌하여 문제가 발생하는 경우가 종종 발생합니다. 윈도우 시스템을 과거 시점으로 되돌리는 복원 기능을 알아보겠습니다.

컴퓨터가 멀쩡하게 작동하고 있을 때 시스템 복원 지점을 만들어 두는 것이 좋습니다. 훗날 문제가 생긴다면, 오늘 만들어 둔 복원 지점으로 컴퓨터를 리셋하여 문제가 생기기 전으로 되돌아올 수 있습니다.

⊞를 누른 다음 "복원 지점 만들기"를 입력합니다. 로딩이 완료되었다면 Enter⏎를 누릅니다.

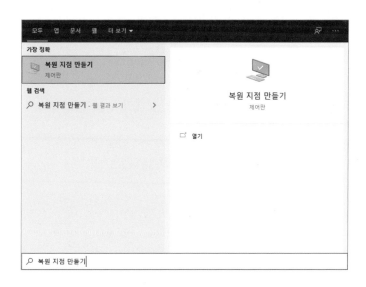

〈시스템 보호〉 탭이 활성화되어 있을 것입니다. 〈보호 설정〉 항목을 살펴보면 컴퓨터에 연결되어 있는 드라이브 목록이 나열되어 있습니다. 이 중에서 복원 지점을 설정할 드라이브, 즉 "(시스템)"이라고 적혀있는 드라이브를 선택하고 하단의 〈구성(O)〉 버튼을 클릭합니다.

상단의 〈복원 설정〉 메뉴에서 〈시스템 보호 사용〉 항목을 클릭하고 〈확인(O)〉을 누릅니다.

드라이브의 〈보호〉 항목이 "설정"으로 변경되었을 것입니다. "설정"으로 표기되는 드라이브를 클릭하고 하단의 〈만들기(C)〉를 클릭합니다.

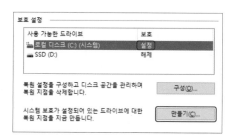

복원 지점의 이름을 입력합니다. 이때, 본인이 알아볼 수 있도록 복원 지점 이름을 아래 그림과 같이 상세하게 기재하는 것을 추천합니다. 훗날 여러분의 고민을 덜어줄 수 있는 조치입니다.

컴퓨터가 복원 지점을 생성하기 시작합니다. 1분가량의 시간이 소요됩니다.

이로써 복원 지점을 만드는 과정이 완료되었습니다. 복원 지점으로 컴퓨터를 되돌리는 방법은 다음 팁에서 소개하겠습니다.

072 고장 난 윈도우 시스템을 이전으로 되돌리기

윈도우 시스템 복원 | 활용분야 : 컴퓨터 설정

앞서 복원 지점을 만드는 방법을 알아보았습니다. 이번에는 과거의 복원 지점으로 컴퓨터를 리셋하는 방법을 배워봅시다. 물론 윈도우 복원 지점을 만들어져 있지 않다면 리셋할 수 없습니다.

■를 누른 다음 "복원 지점 만들기"를 입력합니다. 로딩이 완료되었다면 Enter↵를 누릅니다. 이전에 확인한 〈시스템 보호〉 탭을 확인할 수 있습니다. 시스템을 과거의 시점으로 복원하려면 〈시스템 복원(S)〉 메뉴를 클릭합니다.

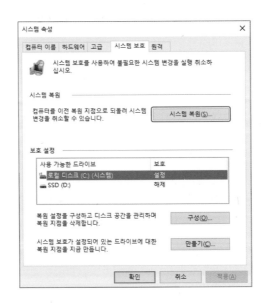

〈시스템 복원〉 메뉴 창이 활성화됩니다. 〈다음(N)〉 버튼을 클릭합니다.

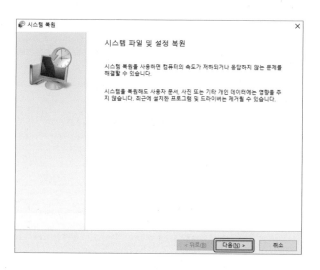

복원 가능한 과거의 지점 목록들이 표시됩니다. 앞서 살펴본 방법으로 수동으로 제작된 복원 지점들도 표기되지만, 간혹 컴퓨터가 자동으로 생성한 복원 지점이 표기되기도 합니다. 중요한 업데이트를 수행했거나, 장치의 드라이버를 설치하는 등의 사건이 발생할 때 컴퓨터가 자동으로 복원 지점을 기록합니다. 목록 중에서 컴퓨터를 복원하려는 지점을 선택하고 〈다음(N)〉 버튼을 클릭합니다.

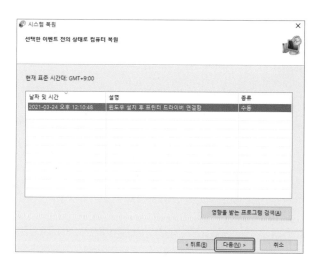

최종적으로 복원 수행 여부를 확인하는 페이지가 등장합니다. 〈마침〉 버튼을 누르면 컴퓨터 복원 작업이 수행됩니다.

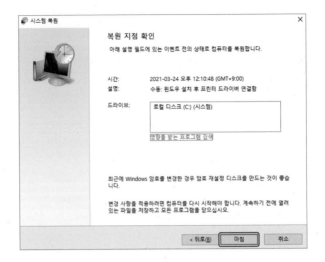

073 윈도우의 기본 보안 기능을 잠시 중지시키기

Windows Defender와 바이러스 및 위협 방지 해제

활용분야 : 컴퓨터 보안

Windows Defender(윈도우 디펜더)와 '바이러스 및 위협 방지'는 윈도우에 기본적으로 탑재된 보안 프로그램입니다. 바이러스의 침투를 차단하고, 악성 코드 감염을 예방하는 유용한 도구입니다만 간혹 유용한 프로그램을 차단하거나 온라인 파일 전송을 방해하기도 하지요.

컴퓨터에 백신 프로그램이 설치되어 있다면 윈도우 기본 보안 프로그램을 사용하지 않아도 특별한 문제가 발생하지 않습니다. 윈도우 보안 기능을 해제하여 작업 충돌을 예방하는 방법을 살펴보겠습니다.

❶ Windows Defender 해제

Windows Defender는 네트워크 통신을 보호하는 기능입니다. 외부의 해킹 등을 방지하는 기능이라 생각하면 얼추 맞습니다.

⊞를 누르고 "windows defender 방화벽"을 입력합니다. 메뉴가 로딩되면 [Enter↵]를 누릅니다.

좌측 메뉴에서 〈Windows Defender 방화벽 설정 또는 해제〉를 클릭합니다.

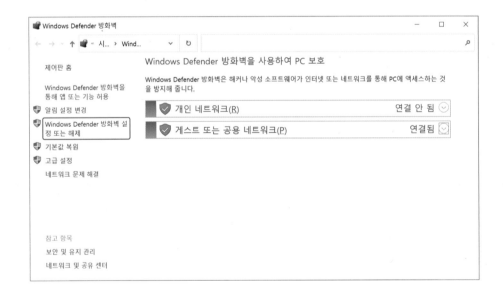

〈개인 네트워크 설정〉과 〈공용 네트워크 설정〉에서 붉은 방패 아이콘으로 표시된 〈Windows Defender 방화벽 사용 안 함〉을 클릭하면 방화벽이 해제됩니다.

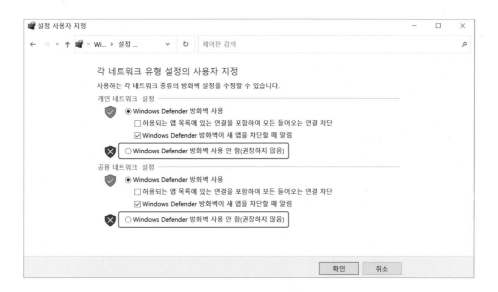

❷ 바이러스 및 위협 방지 해제

바이러스 및 위협 방지는 컴퓨터에서 실행되는 프로그램 중 위험할 것으로 예상된 프로그램의 실행을 차단하고 삭제하는 프로그램입니다. 간혹 유용한 프로그램을 악성 프로그램으로 오해하여 삭제하는 경우가 있습니다.

⊞를 누르고 "바이러스 및 위협 방지"를 입력합니다. 메뉴가 로딩되었다면 Enter↵를 누릅니다.

〈바이러스 및 위협 방지 설정〉 메뉴의 〈설정 관리〉 버튼을 클릭합니다.

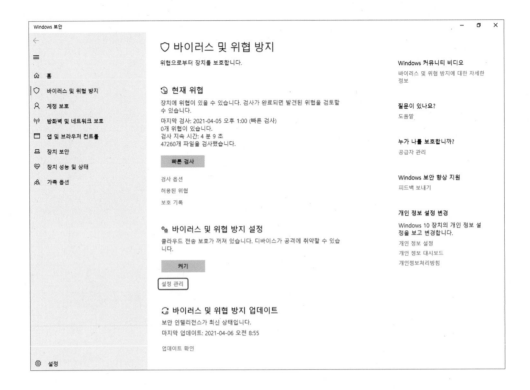

〈실시간 보호〉 메뉴를 클릭하여 〈끔〉으로 전환하는 것으로 작업이 완료됩니다.

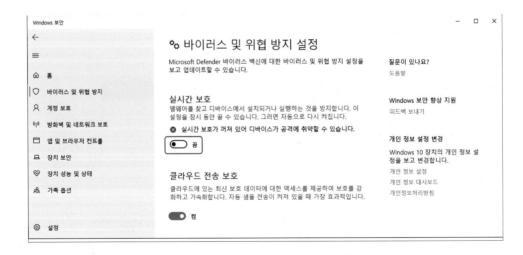

074 포맷 없이 하드디스크 파티션을 나누고 합치기

하드디스크 파티션 나누기 | 활용분야 : 컴퓨터 설정

우리 집에 있는 부엌을 생각해 볼까요? 같은 공간이라 하더라도 재료를 손질하는 곳, 조리하는 곳, 설거지하는 곳이 모두 나뉘어 있습니다. 노력하면 가능하겠지만 굳이 가스레인지 위에 도마를 두고 재료를 손질하지 않거나, 싱크대 안에서 된장찌개를 끓이지 않겠다는 거지요.

드라이브의 파티션을 나눈다는 것은 이와 같이 같은 드라이브의 작업 공간을 분할하여 효율적으로 관리하고 싶다는 뜻입니다. 주로 OS를 설치하거나, 공간을 나누어 파일과 소프트웨어를 따로 두고 싶을 때 사용하게 됩니다.

우선 〈내 PC〉로 들어가 볼까요? 윈도우 탐색기에서 〈내 PC〉를 선택한 후 마우스 우클릭해서 〈관리〉 메뉴로 들어갑니다.

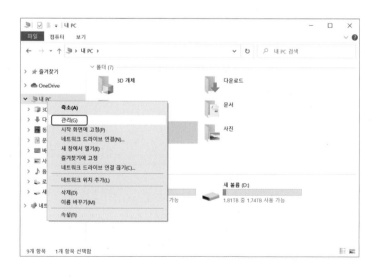

다음과 같이 '컴퓨터 관리'라는 창이 나타납니다. 현재 이 PC에는 하드디스크가 2개 장착되어 있네요. '디스크 1'이 3개의 구역으로 분할된 것을 볼 수 있습니다. '디스크 0'의 D 드라이브로 파티션을 분할해 봅시다.

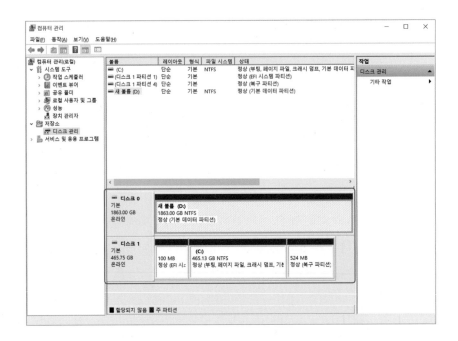

화면 하단에서 〈새 볼륨 (D:)〉을 마우스 우클릭하여 볼륨 축소로 들어가 봅시다. 다음과 같은 창이 나오면, 분할할 만큼의 용량을 기입하고 '축소' 버튼을 눌러 줍니다.

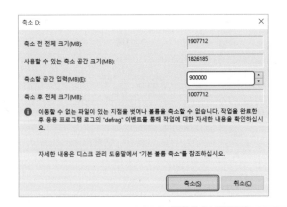

'디스크 0'의 공간이 나누어진 모습입니다. 아직은 나눈 공간에 드라이브를 할당하지 않아 이 용량을 사용할 수가 없는 상태입니다. 이것을 E 드라이브로 바꾸어 볼까요?

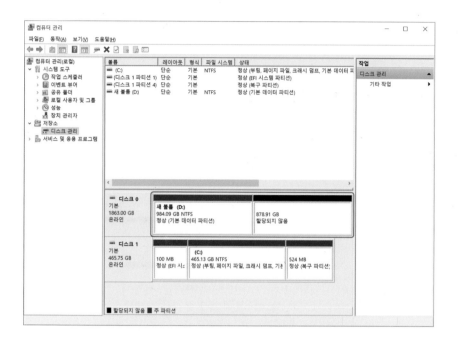

이전과 같이 '할당되지 않음' 공간을 우클릭하여 새 단순 볼륨 탭으로 들어갑니다. 볼륨 만들기 마법사가 아직 드라이브에 사용되지 않은 알파벳을 알려 줄 것입니다. 이 중에서 원하는 문자를 선택하여 드라이브에 문자를 할당해줍니다.

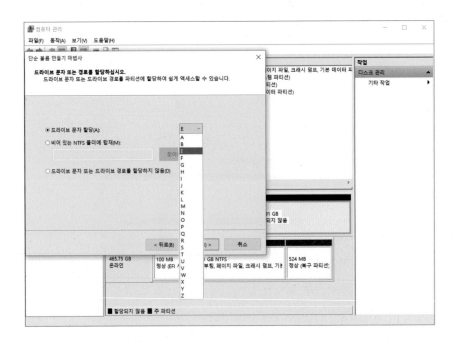

이렇게 하면 새로 사용할 수 있는 E 드라이브를 생성했습니다! D 드라이브에는 소프트웨어, E 드라이브에는 다운로드 폴더나 문서 파일 등을 넣어 깔끔하게 관리할 수 있습니다.

만약 드라이브를 합치고 싶다면 지금까지 한 과정을 역으로 진행하면 됩니다. E 드라이브의 볼륨을 삭제하고. D 드라이브의 볼륨을 확장한다면 쉽게 드라이브를 합칠 수 있겠지요?

알고 계셨나요?

이번 챕터에서 다룬 내용이 아마 직장인들이 컴퓨터를 사용하며 가장 많은 어려움을 호소하는 문제들일 것입니다. 컴퓨터 설정을 위해 공부해야 할 내용이 복잡하고 어렵다기보다는 이와 관련된 내용을 공부해 볼 기회가 부족했기 때문입니다.

이번 챕터에서 다룬 내용을 외우고 계실 필요는 없습니다. 언젠가 컴퓨터 설정과 관련해서 어려움을 겪게 된다면, 이 책을 잠시 펼쳐서 해결 방법을 찾아가시기 바랍니다.

8

스마트폰을 유용하게
활용하는 방법

스마트폰을 유용하게 활용하는 방법

스마트폰을 스마트하게 사용하고 있나요? 아마 많은 분은 SNS와 유튜브를 제외하면 스마트폰을 딱히 유용하게 업무에 활용하고 있지는 않을 것으로 생각합니다. 요즘은 스마트폰 가격이 컴퓨터보다 비싸잖 아요? 그러면 컴퓨터보다 유용하게 활용해야 본전을 뽑을 수 있지 않을까요? 우리 한 번 스마트폰에게 새로운 활용도를 만들어 주자고요!

075 { 스마트폰으로 전자문서에 서명하기

전자서명 | 활용분야 : 스마트폰 업무활용

지원OS : 안드로이드, iOS

각종 계약서나 보험료 지급신청서를 처리하다 보면 문서를 인쇄하여 서명한 뒤, 스캔하여 다시 보내야 하는 경우가 발생합니다. 이 얼마나 번거로운 일인가요. 사실 스마트폰만 있으면 종이 없이 쉽게 처리 가능한 업무입니다. 종이 위에 펜으로 서명을 하는 대신 스마트폰 스크린 위에 손가락으로 서명을 하는 것이지요. 지금부터 방법을 소개하겠습니다. 샘플로는 스마트폰에서 출판권설정계약서를 실행해 보겠습니다.

문서 파일의 스크린샷을 캡처합니다. 그리고 스크린샷을 편집하는 메뉴가 있다면 편집 기능을 실행합니다. 스크린샷 편집 기능이 없는 스마트폰 기종을 사용하는 분들은 카카오톡 파일 전송, 이미지 편집 기능 등 사진을 편집 기능이 있는 앱에서 스크린샷을 불러와 주세요.

아래 그림은 스크린샷 편집기 화면입니다. 여기서 사진을 확대한 다음, 펜 도구를 활용해 손가락으로 서명을 남깁니다.

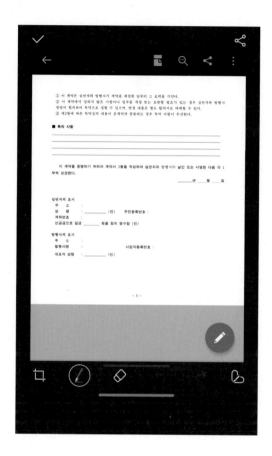

보기 편하도록 파란색으로 서명을 남겼습니다. 손가락으로 터치스크린에 서명을 남겼다면 다시 확대된 스크린을 축소합니다.

화면을 다시 축소하니 깔끔하게 서명
된 계약서가 완성되었습니다. 이제
이 스크린샷을 저장하여 제출하면 됩
니다.

위 방법처럼 스마트폰에서 손가락으로 서명한 서류에도 법적 효력이 있으며, 각종 보험
사, 증권사, 은행은 물론 기업과의 계약에도 문제가 되지 않고 정상적으로 서명의 효력을
인정받을 수 있습니다.

단, 이번 스크린샷은 독자 여러분이 보기 쉽게 굵은 펜과 파란 색상으로 진행했습니다. 실
제로 서류에 서명할 때는 펜의 두께와 색상을 적절히 설정한 뒤 서명을 진행하기 바랍니
다. 혹시 연필 등 그럴싸한 질감의 펜을 사용할 수 있다면 실제 종이에 서명 후 스캔한 것
과 전혀 구분되지 않습니다.

076 〉 PC 없이 스마트폰에서 문서 인쇄하기

문서 인쇄 | 활용분야 : 스마트폰 업무활용

지원OS : 안드로이드, iOS

스마트폰을 잘 활용하면 우리의 업무 효율이 몰라보게 향상됩니다. 이번에는 스마트폰에서 프린터에 무선으로 접속하여 문서를 출력하는 방법을 알아보겠습니다. 컴퓨터가 없는 상황에서도 인쇄를 진행할 수 있으므로, 출장이나 급한 회의가 잡혔을 때 정말 유용한 기능입니다.

단, 이 방법을 활용하려면 프린터가 네트워크에 연결되어 있어야 합니다. 크게 두 가지 방법이 가능합니다.

❶ 프린터가 자체적인 문서 수신 기능을 제공하는 경우

프린터 종류에 따라 프린터 자체가 이메일 주소를 보유하고 있는 경우가 있습니다. 이 메일로 문서 파일을 전송하면 프린터가 문서 파일을 스스로 다운받아 인쇄하는 편리한 기능이지요. 프린터 매뉴얼을 살펴보고, 혹시 이런 기능이 제공되는 프린터라면 이 기능을 적극 활용해보기 바랍니다. 이메일만 보낼 수 있으면 동작하므로 멀리 떨어진 곳에서도 인쇄 명령을 전달할 수 있어 매우 유용합니다.

❷ 네트워크 프린터로 스마트폰과 프린터를 연결하기

우리는 앞서 Chapter 7의 [070 네트워크로 연결된 프린터 추가하기 - 네트워크 프린터 연결] 팁에서 네트워크 프린터를 PC에 연결하는 방법을 알아봤습니다. 비슷한 원리로 스마트폰도 네트워크를 통하여 프린터와 통신을 주고받을 수 있습니다. 프린터와 스마트폰 사이의 통신을 위해 스마트폰에서 프린터와 동일한 와이파이 신호에 접속합니다.

이후 프린터 제조사의 드라이버를 설치해야 합니다. 구글 플레이나 앱스토어에서 프린터 제조사명을 검색하면 드라이버를 찾을 수 있습니다. 혹은 제조사의 홈페이지에서 전용 앱을 제공하기도 합니다. 지금부터 소개해 드릴 예시는 Epson 프린터 드라이버를 연결하는 과정입니다.

구글 플레이/앱스토어에서 프린터 제조사인 Epson을 검색하니 관련 앱이 나옵니다. 이 앱을 설치하겠습니다.

앱 화면입니다. 프린터 드라이버 앱은 대부분 기능이 비슷합니다. 상단의 파란색 배너를 살펴보니 프린터가 선택되지 않았다고 합니다. 이 배너를 눌러 프린터 설정을 이어가겠습니다.

프린터와 스마트폰이 같은 와이파이에 연결되어 있다 보니 〈로컬〉 탭에서 프린터가 곧바로 인식됩니다. 혹시 프린터가 인식되지 않는다면 〈수동 IP〉 탭에서 프린터의 IP 주소를 입력하여 프린터를 등록합니다. 연결하려는 프린터를 찾았다면 프린터 기종명을 선택합니다.

다시 메인 화면으로 돌아오면 프린터 기종명이 상단에 표시됩니다. 이제 이 앱에서 〈사진 인쇄〉 또는 〈문서 인쇄〉 버튼을 클릭하여 인쇄를 수행할 수 있습니다.

이것 뿐만이 아닙니다. 이제 사진이나 문서 파일에서 〈공유〉 버튼을 누르면 메뉴에 프린터 드라이버 아이콘이 표시됩니다. 이 아이콘을 클릭하면 인쇄 작업을 빠르게 수행할 수 있습니다.

077 〉 스캐너 없이 스마트폰으로 문서 스캔하기

Microsoft Lense

활용분야 : 스마트폰 업무활용

지원OS : 안드로이드, iOS

서류업무를 보다 보면 문서를 스캔해서 전달해야 하는 경우가 자주 발생합니다. 그런데 소형 사무실에는 스캐너가 없는 경우도 있고, 출장이나 외근 중에 대응하기도 번거롭습니다. 이번에는 스마트폰으로 문서를 스캔하는 방법을 알아보겠습니다.

다만 삼성 갤럭시 제품군을 사용 중이라면 별도의 프로그램을 설치할 필요가 없습니다. 기본 카메라 앱을 실행해 스캔하려는 문서에 초점을 맞추고 있으면 빅스비가 자동으로 문서 파일을 인식하여 〈스캔하기〉 메뉴가 화면에 표시됩니다. 이 버튼을 터치하면 문서 스캔이 완료됩니다. iOS에서도 메모 앱에서 문서 스캔을 할 수 있습니다. Microsoft Lense 는 이런 기본 앱들과 사용법이 유사하므로 기본 앱을 사용하더라도 아래 방법을 참고하면 됩니다.

현재 다양한 스캐너 앱이 유통되고 있습니다만, 백도어나 광고 문제로 인해 저자는 마이크로소프트 렌즈(Microsoft Lense) 앱만 사용하고 있습니다. Microsoft Lense 앱을 설치해주세요.

앱을 실행하고 스캔하려는 문서를 카메라로 찍어줍니다. 이때, 종이와 다른 색 바탕에 종이를 올려 두고 사진을 촬영해야 합니다.

앱에 내장된 AI가 사각형의 물체를 발견하면 자동으로 테두리를 인식합니다. 촬영 버튼을 누르면 수동으로 조금 더 섬세하게 테두리를 설정할 수 있는 화면으로 이동합니다.

손가락으로 아이콘을 움직이며 종이의 모서리를 정돈해주세요. 그리고 〈확인〉 버튼을 누르면 스캔이 완료됩니다.

스캔된 이미지에는 다양한 필터를 적용할 수 있습니다. 〈문서〉 필터를 적용할 경우 카메라의 그림자나 종이의 가벼운 얼룩 등이 제거되어 깔끔하게 스캔된 문서처럼 정리됩니다.

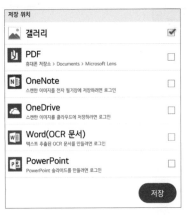

스캔이 완료된 문서는 갤러리에 바로 이미지 파일로 저장하거나 PDF 파일로 저장할 수 있으며, 마이크로소프트 Office 앱과 연동하여 워드 문서나 파워포인트 슬라이드로 만들 수도 있습니다.

078 { 팩스 없이 스마트폰으로 팩스 보내고 받기

모바일팩스 | 활용분야 : 스마트폰 업무활용

지원OS : 안드로이드, iOS

상식적으로 생각해 보면 이메일의 도입으로 인해 팩스는 시대의 저편으로 사라지는 것이 순리일 것입니다. 하지만 아직도 많은 기업과 관공서, 보험사에서는 팩스를 요구합니다. 덕분에 우리 사무직들은 4차 산업혁명 시대를 살아가고 있음에도 불구하고 팩스를 수신하거나 발신할 수 있어야 많은 업무를 처리할 수 있습니다.

스마트폰으로 팩스를 수신하고 발신하는 방법을 알아보도록 하겠습니다. 팩스 수신은 무료이며, 팩스 발신은 문자 메시지 요금을 활용합니다. 요즘 대부분 통신사에서 문자 메시지를 무료 제공하고 있으므로 사실상 발송 요금도 무료라고 생각하면 되겠습니다.

"모바일 팩스" 앱을 설치합니다. 앱의 제조사는 SK 텔링크 혹은 SK 브로드밴드로 표기될 것입니다.

앱을 처음 실행하면 가입을 위한 절차가 있습니다. 약관에 동의하고 서비스에 가입하면 메인 화면으로 접속할 수 있습니다. 팩스를 발송하려면 〈사진/문서 첨부〉 버튼을 클릭하고 발송하려는 파일을 선택하면 됩니다.

〈문서〉를 선택하면 pdf 등 문서 파일을 바로 보낼 수 있고, 〈갤러리〉를 클릭하면 이미지 파일 형태로 저장된 문서 파일을 보낼 수 있습니다. 〈카메라〉 기능을 활용하면 문서를 즉석에서 카메라로 촬영하여 보낼 수 있습니다.

카메라의 문서 인식 성능이 매우 뛰어납니다. 단, 그림자를 제거하는 등의 필터 보정 기능은 제공하지 않으니 참고하세요.

문서 업로드가 완료되었다면 상단에서 수신자 팩스번호를 입력하여 팩스를 발송할 수 있습니다.

메뉴 상단의 〈더보기〉 메뉴를 클릭하면 〈내 모바일 팩스번호〉를 확인할 수 있습니다. 이 번호를 통해 팩스를 수신할 수 있습니다.

079 사진 촬영만으로 쉽게 명함 관리하기

리멤버 | 활용분야 : 스마트폰 업무활용

지원OS : 안드로이드, iOS

사회생활을 하다 보면 생각보다 많은 양의 명함이 책상 한쪽에 쌓이기 마련입니다. 명함에 기재된 전화번호와 이름을 하나하나 연락처에 저장하려니 몹시 번거롭지 않나요? 게다가 내 카톡 프로필을 상대방이 보게 된다고 생각하니 뭔가 꺼림칙합니다.

명함을 효율적으로 관리할 수 있도록 도와주는 도구를 활용해 보도록 합시다. 〈리멤버〉 앱을 검색해서 설치하세요.

여러분이 가진 명함을 리멤버 앱에서 스캔할 수 있습니다. 앞서 살펴본 오피스 렌즈나 모바일 팩스 앱과 스캔 방식이 유사합니다.

명함을 스캔하고 〈확인〉 버튼을 누르면 명함 입력 요청이 리멤버 회사 측으로 전달됩니다. 재미있는 점은, 인공지능이 글자를 인식하는 것이 아니라 살아있는 사람이 명함을 하나하나 눈으로 읽으면서 타이핑한다는 점입니다. 덕분에 중요한 거래처 정보에 오타가 발생할 여지가 현저히 줄어든다고 하네요.

무엇보다 가장 좋은 점은 리멤버를 통해 등록된 지인의 연락처가 카카오톡에 자동으로 추가되지 않는다는 점입니다. 연락처에 사람 이름을 저장할 때 앞에 샵(#)을 기재하면 카카오톡에서 인식되지 않습니다. 리멤버는 연락처에 명함을 등록해 주지만, 모든 이름 앞에 #을 붙여 주기 때문에 업무적 인맥과 사생활을 분리해 줍니다.

080 다이어리 없이 스마트폰으로 일정을 관리하기

구글 캘린더 | 활용분야 : 스마트폰 활용

지원OS : 안드로이드, iOS

외근을 다녀왔을 뿐인데 혼이 났습니다. 분명히 사전에 일정을 말씀드렸는데도 팀장님께서는 전혀 기억을 못 하고 계시네요. 흑흑, 성실하게 일했을 뿐인데 억울합니다. 구글 캘린더를 사용하면 이런 일을 겪지 않을 수 있습니다. 또한 다른 팀원들의 일정을 한눈에 살펴볼 수도 있지요. 아이폰을 사용 중이라면 구글 캘린더도 사용할 수 있으나 그것과 기능과 사용 방법이 유사한 iOS의 기본 캘린더 앱이 있습니다. 아이폰 사용자들은 아래 방법을 참고하여 기본 캘린더 앱을 사용하는 것을 추천합니다.

❶ 모바일 캘린더 설정

갤럭시든 아이폰이든, 시중에 판매되는 모든 스마트폰과 태블릿 PC에는 캘린더 앱이 기본적으로 설치되어 있습니다. 캘린더 앱을 실행하여 설정 화면으로 이동합니다.

×

가져올 캘린더

➕ 캘린더 추가

저장할 카테고리

▉ 가져오기_20210329

사용 중인 스마트폰 기종에 따라 약간의 차이가 있을 수도 있습니다만, 〈캘린더 추가〉 또는 〈계정 추가〉 등의 메뉴를 찾아 실행합니다. 그리고 구글 G메일(Gmail) 계정을 추가합니다.

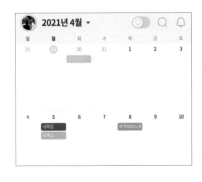

왼쪽 그림처럼 3월 30일, 4월 8일 일정과 같이 스마트폰에서 입력하지 않은 일정이 화면에 표시될 수도 있습니다. 이 일정은 다른 기기에서 구글 캘린더에 추가해 두었던 일정입니다. 스마트폰에서 일정을 추가하면서 구글 계정을 선택하면, 스마트폰뿐만 아니라 구글 캘린더에 자동으로 일정이 업로드됩니다.

❷ PC 캘린더 설정

다른 디바이스나 컴퓨터에서 구글 캘린더에 로그인하여 일정을 조회할 수도 있습니다. 컴퓨터에서 ▦를 누르고 "일정"을 입력한 뒤, 로딩이 완료되면 Enter↵를 누릅니다.

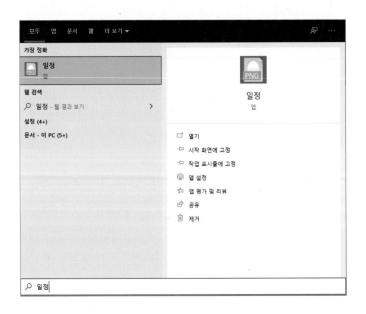

윈도우 일정 앱이 실행되었습니다. 좌측 하단의 톱니바퀴 모양 〈설정〉 버튼을 클릭하고, 우측 팝업 메뉴에서 〈계정 관리〉를 클릭합니다.

〈+ 계정 추가〉 버튼을 누르면 팝업창이 발생합니다. 여기에서 〈Google+〉를 선택하여 구글 계정을 등록하면 구글 캘린더 항목을 윈도우 일정 앱에서 열람할 수 있습니다. 이 일정 앱에서 추가한 일정 또한 구글 캘린더에 자동으로 연동됩니다.

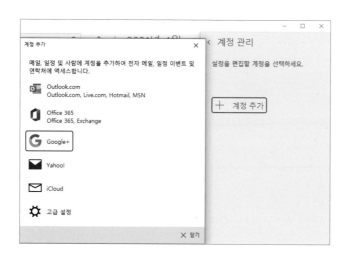

❸ 다른 사용자 초대

아래 URL을 활용해 구글 캘린더 홈페이지로 이동합니다.

https://calendar.google.com

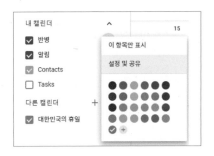

좌측의 〈내 캘린더〉 항목에서 공유하려는 캘린더의 우측 메뉴 버튼을 클릭하고, 〈설정 및 공유〉 메뉴를 클릭합니다.

〈특정 사용자와 공유〉 메뉴에서 하단의 〈+ 사용자 추가〉 메뉴를 클릭합니다.

〈권한〉을 〈일정 변경〉으로 수정하고, 〈이메일 또는 이름 추가〉에 동료의 G메일 주소를 입력합니다. 이후 〈보내기〉 버튼을 누르면 초대 메시지가 동료의 이메일로 발송됩니다. 동료가 초대를 수락하면 캘린더에서 함께 작업할 수 있습니다. 내 일정을 동료가 열람할 수 있고, 동료가 올린 일정을 내가 열람할 수도 있게 되는 것이지요.

❹ 유용한 기능

다음 기능은 유용하지만, 내용이 너무 많아 지면 관계상 생략하였습니다. 구글 캘린더는 직관적인 UI를 가지고 있어 쉽게 아래 기능을 찾을 수도 있고, 인터넷 검색으로 상세한 사용법을 찾을 수 있습니다.

- 일정에 대해 상세한 내용을 작성하고 파일도 첨부할 수 있습니다.
- 캘린더 전체를 공유하지 않고 특정 일정의 참여자(참석자)만 공유할 수 있습니다.
- 일정에 미리 알림 기능을 설정할 수 있습니다.
- 일정에 표시색을 설정하여 일정들을 분류할 수 있습니다.
- 기존 일정을 검색할 수 있습니다.
- 공유된 일정을 삭제하고 참여자(참석자)에게 취소 이메일을 보낼 수 있습니다.

구글 캘린더를 잘 활용하면 서로의 일정을 손쉽게 파악할 수 있으므로 협업 시 편리합니다. 팀장님의 외근 일정을 속속들이 파악하면 팀장님이 안 계실 때 보다 즐겁고 행복한 마음으로 사무실에 앉아있을 수 있겠지요.

081 〉 자주 가는 사이트를 스마트폰 앱으로 만들기

Progressive Web App | 활용분야 : 스마트폰 웹 브라우징
| 지원OS : 안드로이드, iOS

스마트폰으로 자주 접속하는 사이트가 하나쯤은 있을 것입니다. 저자의 경우 네이버 웹툰과 야후 파이낸스를 거의 한 시간에 한 번씩 접속하는 것 같습니다. 이렇게 자주 접속하는 페이지를 앱으로 만들 수 있다는 사실, 알고 계셨나요?

모바일 페이지에서 앱으로 만들고 싶은 사이트로 접속합니다. 예시를 위해 저자의 홈페이지(https://needleworm.github.io)로 접속해 보겠습니다.

페이지 로딩이 완료되었다면 사용하는 브라우저의 〈메뉴〉를 실행하고 〈홈 화면에 추가〉 메뉴를 클릭합니다. 크롬, 웨일, 엣지는 물론 안드로이드 기본 브라우저에서도 정상적으로 작동합니다.

안드로이드 화면 | iOS 화면

〈홈 화면에 추가〉 팝업이 뜹니다. 아이콘과 앱의 이름이 자동으로 입력되어 있습니다. 이 아이콘과 앱 이름은 홈페이지를 설계한 프로그래머가 미리 지정해 둔 값입니다. 만약 여러분이 선택한 웹페이지에서 아이콘과 이름이 제대로 표기되지 않는다면 "그 사이트를 만든 개발자가 프로그레시브 웹 앱(PWA) 기술을 잘 모르는구나."라고 생각하면 되겠습니다.

〈추가〉 버튼을 누르면 홈 화면에 새로운 앱이 추가됩니다. 이 앱을 실행해 보겠습니다.

웹 브라우저로 접속할 때와 달리 로딩 페이지가 등장합니다.

로딩이 완료된 페이지도 웹 브라우저와 약간 다릅니다. 주소창도 사라졌고, 상단 바도 사라져 페이지가 풀스크린으로 로딩되었습니다.

이번에 알아본 〈홈 화면에 추가〉는 단순히 즐겨찾기 아이콘을 등록하는 것이 아니라 정말로 내가 선택한 사이트를 앱으로 만드는 기능입니다. 이 기능을 '프로그레시브 웹 앱'이라고 부르며, 프로그레시브 웹 앱은 단순히 웹 브라우저로 탐색하는 것과 달리 약간의 기교적인 기능을 탑재할 수 있습니다. 잘 만든 프로그레시브 웹 앱은 푸시 알람도 제공합니다.

082

자주 사용하는 채팅방 바로가기 만들기

카카오톡 | 활용분야 : 어플 사용성 개선

지원OS : 안드로이드, iOS

친분이나 업무상 자주 연락하는 사람이나 집단이 있게 마련입니다. 메신저를 이용해서 주로 연락을 주고받아야 하는데, 아무래도 카카오톡은 많은 사람이 쓰고 있어 채팅방이 밀리게 됩니다. 군이 채팅방을 찾을 필요 없이 바로 진입할 수 없을까요?

반병현

채팅방 이름 설정

즐겨찾기에 추가

채팅방 상단 고정

채팅방 알림 끄기

홈 화면에 바로가기 추가

나가기

우선 대화방 목록에서 아이콘을 만들고 싶은 채팅방을 길게 누르면 다음과 같은 창이 뜹니다. 이 중에서 '홈 화면에 바로가기 추가'를 클릭합니다.

홈 화면에 추가

바로가기를 홈 화면에 추가하려면, 아이콘을 길게 누르거나 추가 버튼을 누르세요.

반병현 1×1

취소 　　　 추가

홈 화면에 아이콘을 추가할 것인지를 묻는 팝업이 나오면 '추가' 버튼을 클릭합니다.

메인 화면에 아이콘으로 자리 잡은 카톡방 바로가기입니다. 카카오톡에 진입한 후 대화방을 찾을 필요 없이 바로 진입할 수 있으니 훨씬 편리하게 찾을 수 있겠지요?

083 카톡에서 화질저하 없이 고화질 사진 주고받기

카카오톡 | 활용분야 : 어플 사용성 개선

지원OS : 안드로이드, iOS

급하게 사진 파일을 받으려고 했는데, 카카오톡으로 받으니까 화질이 좋지 못해 애먹었던 경험이 있으신가요? 메신저에서는 사용자의 데이터 사용량을 줄이기 위해 사진이나 동영상 등의 화질을 살짝 낮추어 다운받게 합니다. 하지만 원본 파일이 필요한 경우에는 오히려 독이 될 수도 있겠지요? 카카오톡에서 선명한 화질의 사진이나 동영상을 전송하는 방법에 대해 알아봅시다.

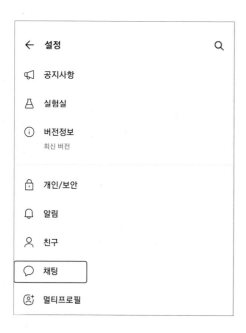

우선 카카오톡 상단 우측 탭에서 ⚙️모양의 아이콘을 클릭하여 〈설정〉 → 〈채팅〉 메뉴로 진입합니다.

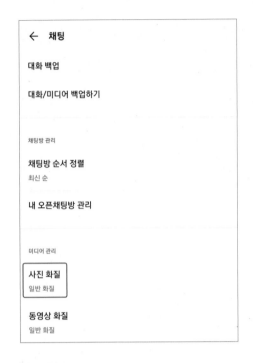

채팅 탭 중에 〈미디어 관리〉 구역이 있습니다. 주고받는 사진과 동영상의 화질을 최적화하는 역할을 합니다.

'사진 화질' 메뉴로 진입합니다.

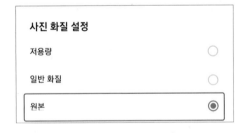

'저용량'이나 '일반 화질'의 경우 데이터 사용량을 아낄 수 있다는 장점이 있지만, 큰 화면으로 보았을 때 화질이 매우 깨져 보입니다. 높은 해상도의 파일이 필요하다면 화질을 원본으로 수정하여 깨지지 않은 파일을 받을 수 있습니다. 원본 옵션을 선택합니다.

이로써 모든 설정이 끝났습니다. 이제 원본 사진으로 주고받을 수 있습니다.

084 잃어버린 스마트폰을 원격으로 찾고 제어하기

휴대전화 찾기 | 활용분야 : 스마트폰 활용

지원OS : 안드로이드, iOS

영화관 등 조용해야 하는 장소에서는 보통 스마트폰을 진동이나 무음으로 하는 경우가 많지요? 그런데 무음으로 바꿨다가 스마트폰을 잃어버렸을 때, 전화를 걸어도 소리가 나질 않으니 정말 낭패일 것 같습니다. 이럴 때 스마트폰을 어떻게 찾을 수 있을까요?

❶ 안드로이드 스마트폰

안드로이드 기반 스마트폰은 가입 시 반드시 구글 아이디가 필요합니다. 스마트폰에 등록해 두었던 구글 아이디를 알고 있다면, 그 아이디로 구글 로그인이 가능한 다른 단말기에 접속하고 그 단말기에서 구글에서 '휴대전화 찾기'를 검색합니다.

현재 저자의 아이디로 연결된 단말기입니다. 저자는 아래의 단말기를 잃어버렸다고 가정하고 진행하겠습니다.

단말기의 위치 정보가 꺼져 있어도, 기기 찾기를 하는 동안은 어디에 단말기가 있는지 구글 지도에서 찾을 수 있습니다. 또한 'Play Sound' 버튼을 누르면, 전화기가 무음으로 설정되어 있어도 5분간 벨소리를 울릴 수 있습니다.

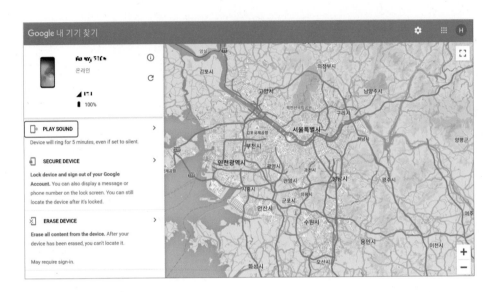

또한 개인정보 유출을 막기 위해서 원격으로 기기에서 로그아웃하고 잠금을 걸거나 포맷시킬 수 있습니다.

❷ 삼성전자 갤럭시 제품군

삼성 갤럭시 스마트폰을 사용 중이라면 아래 URL을 활용하여 "내 디바이스 찾기"서비스를 이용할 수도 있습니다.

https://www.samsung.com/sec/apps/find-my-mobile/

〈내 디바이스 찾기로 이동〉 버튼을 클릭하여 삼성 계정으로 로그인하면, 스마트폰이 위치한 주소를 확인할 수 있습니다. 뿐만 아니라 클라우드에 데이터를 백업하거나 삼성 페이를 차단할 수도 있습니다.

❸ 애플 아이폰

아이폰의 경우 아래 URL을 활용하여 "나의 찾기" 서비스를 이용할 수 있습니다.

https://www.apple.com/kr/icloud/find-my/

주변 사람들이 발견할 수 있도록 아이폰에서 소리를 울리거나, 기기의 메인 화면에 메시지를 띄울 수도 있습니다. 기기의 데이터를 삭제할 수도 있고요. 하지만 기기의 현재 위치를 추적하는 기능 등은 제공되지 않습니다.

물론 잃어버릴 일이 없는 것이 가장 좋겠지만, 만에 하나 무음인 상태에서 소중한 스마트폰을 잃어버렸을 때 도움이 되기를 바랍니다.

085 받은 문자 메시지를 음성으로 읽어주기

구글 어시스턴트 Voice Match

활용분야 : 스마트폰 활용

지원OS : 안드로이드, iOS

운전하고 있거나 스마트폰을 손에서 놓을 일이 많지만 중요한 연락은 꼭 받아야 할 때가 있습니다. 하지만 전화야 어떻게든 받는다고 해도, 문자 같은 경우는 확인하기가 쉽지 않죠. 누가 옆에서 문자 내용을 일일이 읽어준다면 또 모를까요.

스마트폰에서 구글 어플을 사용하고 있다면, 구글 어시스턴트를 활용하여 문자를 읽게 해줄 수 있습니다. 특히 운전모드로 설정하면 주행 중에만 작동하도록 할 수도 있어 운전 시많은 도움이 됩니다.

구글 어플로 들어가서 〈더 보기〉 → 〈설정〉 → 〈Google 어시스턴트〉로 진입합니다.

휴대전화의 어시스턴트를 켜 주고 Voice Match로 어시스턴트가 내 목소리만 인식하도록 학습시킬 수 있습니다.

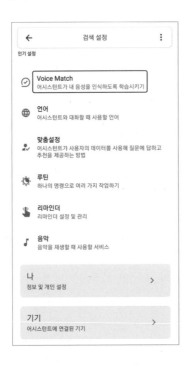

이후 어시스턴트가 알림을 읽도록 허용하면 이후 오는 메시지를 어시스턴트가 읽어서 알려주게 됩니다. 만약 이를 원치 않는다면, '알림 접근 허용' 항목에서 구글의 허용 여부를 꺼 주면 됩니다.

이름값 하는 비서인 구글 어시스턴트의 강력한 기능을 활용하여, 바쁠 때도 음성으로 도착한 메시지를 확인해 봅시다.

086 스마트폰에서 보던 동영상을 TV에서 보기

스마트폰 미러링 | 활용분야 : 스마트폰 활용

지원OS : 안드로이드

유튜브는 매일 봐도 새롭고 재미있는 게 언제나 넘쳐납니다. 봐도 봐도 질리지 않는 유흥의 보고랄까요. 그런데 항상 작은 화면으로 보다 보니, 괜히 TV가 아깝습니다. 이왕 볼 거라면 저 TV에 연결해서 크게 보면 여럿이 함께도 볼 수 있고 멀리서도 볼 수 있고 더 좋을 텐데 말이죠.

안드로이드 기반 스마트폰은 미라캐스트(Miracast)와 크롬캐스트(Chromecast)를 탑재하여 텔레비전으로 화면을 전송하는 기능이 있습니다. 화면을 옮기거나 정보를 전송하여 스마트 TV처럼 활용하는 것이죠. 다만 이 기능을 활용하기 위해선 무선 디스플레이 기능을 지원하는 TV여야 합니다. 이 글에서는 크롬캐스트를 소개합니다.

유튜브 영상을 재생하면 아래 그림의 우측 상단처럼 크롬캐스트 버튼이 있습니다. 이 버튼을 누르면 근처에 연결 가능한 TV가 있는지 검색하게 됩니다.

저자의 경우 전송 가능한 TV가 하나 잡혔습니다. 이를 선택하면 현재 시청하고 있던 영상이 TV에서 그대로 재생되는 것을 확인할 수 있습니다!

또한 이는 유튜브에만 국한되는 기능이 아닙니다. 스마트폰에서 재생할 수 있는 동영상이 있다면 크롬캐스트 아이콘이 거의 항상 우측 상단에 생기므로, 이를 이용하면 다른 단말기로 영상을 공유하여 관람할 수 있습니다. 이제 같이 보고 싶은 영상을 굳이 스마트폰으로 좁게 보지 않아도 된다는 것이죠.

087 스마트폰의 사용 속도가 느린 문제 해결하기

디바이스 케어 | 활용분야 : 스마트폰 속도 개선

지원OS : 안드로이드

스마트폰이 어째 예전 같지 않습니다. 무슨 어플을 쓰려고 해도 심하게 버벅거리고, 발열도 심해진 것 같고, 심지어 자주 튕기고 배터리 소모도 어마어마합니다. 험하게 쓴 것도 아닌 것 같은데 그새 스마트폰이 고장이라도 난 걸까요?

하루에도 몇백 건씩 채팅을 주고받고, 뉴스 기사를 보고, 동영상도 보고 스마트폰은 정말 하는 일이 많습니다. 그러다 보니 캐시 파일도 많이 쌓이게 되고, 불필요한 앱도 계속 돌아가는 등 메모리나 배터리 같은 스마트폰의 자원을 계속 소모하고 있습니다.

많은 사람이 간과하는 것 중 하나는, 스마트폰은 사실상 소형 컴퓨터나 다름없다는 것입니다. 이 정도 작업을 했으면 컴퓨터에게는 예의상 백신 프로그램이라도 한 번 돌리면서 불필요한 파일도 지우고 쓰지 않는 프로그램은 꺼 두고 할 텐데, 스마트폰은 컴퓨터만큼 케어를 받지 못합니다. 그러다 보니 자연스레 과부하가 걸리는 것입니다.

해답은 명확합니다. 쓰지 않는 프로그램은 끄고, 불필요한 캐시 파일을 지우고, 주기적으로 최적화만 해 주면 된다는 겁니다. 컴퓨터 청소를 하는 것처럼 말이죠.

삼성 갤럭시 제품군을 사용 중이라면 '디바이스 케어'라는 기능을 사용할 수 있으며, LG 제품군이라면 〈설정 앱〉 → 〈편리한 기능〉 메뉴에서 실행할 수 있는 '스마트 닥터'라는 비슷한 기능이 있습니다. 이 팁에서는 디바이스 케어를 기준으로 설명합니다.

스마트폰에서 〈설정〉 → 〈디바이스 케어〉 메뉴로 들어
갑니다.

저자의 스마트폰의 경우, 배터리 최적화에 문제가 있다
고 나와 있습니다. 이를 수정하기 위해 '지금 해결' 버튼
을 누르면 구체적으로 어떤 부분에서 문제가 있는지를
알려 줍니다.

현재 애플리케이션 하나가 백그라운드에서 배터리를 소모하고 있었습니다. '완료' 버튼을
누르면 다음과 같이 이를 최적화할 수 있습니다.

하지만 매번 설정으로 찾아오기가 번거롭시요? 다행히 디바이스 케어 아이콘을 따로 추출할 수도 있답니다.

디바이스 케어 상단의 버튼을 누르면, 〈앱스 화면에 추가〉라는 메뉴가 있습니다. 이를 클릭합니다.

아래 모양의 아이콘이 애플리케이션 목록에 추가되어, 편리하게 접근할 수 있습니다.

088 〉 갑자기 앱이 자주 중단되는 문제 해결하기

Android 시스템 WebView

활용분야 : 스마트폰 활용

지원OS : 안드로이드

안드로이드 스마트폰을 사용하다 보면 겪을 수 있는 끔찍한 오류가 있습니다. 어느 날 갑자기 앱이 정상적으로 작동하지 않는 것입니다!

카카오톡 알람은 오지만 메시지를 확인하기 위해 앱을 실행하면 1초 정도 지난 뒤에 바로 동작이 중단되는 상황을 겪을 수도 있습니다. 중요한 거래 건으로 계좌이체를 해야 하는데 은행 앱이 먹통이 될 수도 있습니다. 분명 얼마 전까지도 정상적으로 작동하던 앱이 오작동할 때 어떻게 해야 할까요?

앱을 삭제하고 재설치해 볼 수도 있겠습니다만 카카오톡을 삭제하면 대화 기록이 모두 날아가고 은행 앱을 삭제하면 생체 로그인 정보가 모두 삭제됩니다. 앱을 재설치하지 않고 문제를 해결하는 방법을 알려드리겠습니다.

먼저 구글 플레이로 이동하여 "Android 시스템 WebView" 앱을 검색합니다. 혹시 이 앱이 스마트폰에 설치되어 있다면 〈제거〉 버튼을 눌러 삭제합니다. 구글 플레이를 종료하고 〈설정〉을 실행합니다.

설정 화면에서 〈강제 종료〉를 누른 후 〈사용 중지〉를 클릭합니다.

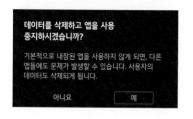

경고창이 발생하면 〈예〉를 누릅니다.

이제 자꾸 종료되던 앱이 정상적으로 실행될 것입니다.

Android System WebView는 구글이 만든 크롬 등의 앱에서 활용하는 기능으로, 안드로이드 스마트폰의 기본 기능이라서 사용자의 동의 없이도 업데이트가 진행됩니다. 이때 문제가 있는 버전이 우리 몰래 업데이트되면서 잘 사용 중이던 앱과 충돌하는 것이지요. 하루아침에 여러 앱이 먹통이 되었다면 이 방법을 따라 해 보기 바랍니다.

그래도 문제가 해결되지 않는다면 자주 종료되는 앱을 삭제하고 다시 설치해보기 바랍니다.

9

업무를 방해하는
컴퓨터 문제를 해결하는 방법

업무를 방해하는 컴퓨터 문제를 해결하는 방법

컴퓨터로 일을 하다 보면 갑작스레 찾아와 우리를 훼방 놓는 오류들이 있습니다. 비교적 자주 만날 수 있지만, 우리 심기를 몹시 불편하게 만드는 문제들과 그 해결책들을 모아봤습니다. 이제 스트레스 없이 컴퓨터를 활용해 보자고요!

089 〉 PC 화면에 있는 아이콘과 글자가 너무 작아요

배율 및 레이아웃 조정 | 활용분야 : 윈도우 문제 해결

고성능 컴퓨터를 새로 구매하거나, 기존 컴퓨터의 그래픽카드를 업그레이드한 경우 모니터에 표시되는 아이콘과 글자가 너무 작아 적응이 힘든 경우가 있습니다. 장치의 성능이 뛰어나다 보니 훨씬 높은 해상도로 화면을 표현하게 되고, 그 과정에서 아이콘의 크기가 상대적으로 작아 보이게 되는 것이지요.

혹은 모니터의 크기가 작아 글자 크기가 너무 작게 느껴지거나, 눈이 피로해서 글자를 더 큰 사이즈로 보고 싶을 수도 있을 것입니다. 조금 더 화면을 편하게 볼 수 있도록 화면에 표시되는 글자와 아이콘의 크기를 조절해 보겠습니다.

바탕 화면에서 마우스 오른쪽 버튼을 클릭하고 〈디스플레이 설정(D)〉을 클릭합니다.

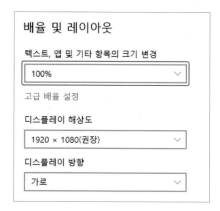

스크롤을 내려 디스플레이 설정 화면 하단에서 〈배율 및 레이아웃〉 항목을 확인합니다. 〈텍스트, 앱 및 기타 항목의 크기 변경〉 메뉴를 클릭하면 선택지가 제공됩니다.

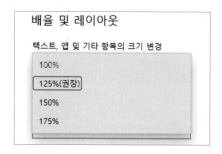

여기서 본인의 취향에 맞게 글자 크기를 확대하면 됩니다. 일반적으로 "(권장)"이라고 기재된 값을 선택하면 화면을 편안히 활용할 수 있습니다.

090 { 이미지 파일을 인쇄하면 화질이 깨져요

DPI | 활용분야 : 인쇄 문제 해결

아래 사진에서 위화감이 느껴지나요? "시내버스 노선"이라는 글자는 선명하게 인쇄되어 있습니다만 상단의 사진 부분은 화질이 깨져 있습니다. 마치 앞서 살펴본 그림판에서 모자이크하는 법을 적용한 듯한 모습입니다.

피 같은 세금으로 인쇄한 표지판이 이런 상태라니, 정말로 답답할 뿐입니다. 적어도 우리는 저런 실수를 해서는 안 되겠지요. 인쇄물의 화질이 깨지는 것은 DPI 개념을 잘 몰랐기 때문에 적절하지 못한 이미지를 인쇄해서 발생하는 문제입니다.

DPI는 Dot Per Inch의 약자로, 한국말로 하면 '1인치당 점의 수' 정도로 해석할 수 있겠습니다. 직관적인 예를 들면, 가로와 세로 길이가 1인치인 정사각형 사진을 표현하기 위해 해상도가 300×300픽셀인 이미지를 사용한다면 해상도가 100×100인 저화질 이미지를 사용할 때보다 훨씬 더 부드럽고 꼼꼼한 인쇄물을 얻을 수 있겠죠? 전자와 같이 1인치에 300픽셀이 들어가는 경우 '300dpi'라고 부르고, 후자와 같이 1인치에 100픽셀이 들어가는 경우 '100dpi'라고 부릅니다.

일반적으로 120dpi 이하인 이미지는 거의 실제 업무에서 사용할 수 없다고 보면 됩니다. 웹페이지나 빔프로젝터로 이미지를 볼 때는 150dpi 이상이면 무난하며, 인쇄물의 경우 최소한 220dpi는 되어야 그럭저럭 볼만한 품질로 인쇄됩니다. 회사나 지자체의 홍보물과 같이 심미성이 중요한 인쇄물의 경우 350dpi 이상의 고화질 이미지를 사용하는 것이 적절합니다.

가로 길이가 10인치 사이즈인 인쇄물을 350dpi 화질을 만족하면서 인쇄하려면, 최소한 가로 해상도가 3,500픽셀 이상인 이미지가 필요하다는 의미입니다. 현수막과 같이 커다란 사이즈의 인쇄물의 경우 그에 걸맞게 더더욱 커다란 해상도의 원본 이미지를 준비해야 합니다.

이 정도의 기초적인 DPI 개념만 알고 있어도 홍보물 인쇄비를 허공으로 날리는 실수는 피해갈 수 있습니다. 혹시 애매하다면 인쇄비를 결제하기 전에 인쇄소에 파일을 넘긴 다음, "이미지 해상도가 충분한가요?"라고 문의 전화를 한 통만 넣어도 많은 도움을 받을 수 있을 것입니다.

091 〈 마우스 커서가 갑자기 사라졌어요

마우스 설정 │ 활용분야 : 윈도우 문제 해결

모니터를 두 개 이상 사용하거나 사용하는 프로그램의 부팅 또는 로딩 과정에서 마우스 커서가 종종 사라지곤 합니다. 마우스를 좌우로 흔들어봐도 나올 기미가 없을 땐 정말 당황스럽죠. 사라진 마우스 커서, 어떻게 편하게 찾을 수 있을까요?

⊞를 누르고, "마우스 설정"이라는 글자를 입력합니다. 마우스 설정 메뉴가 로딩되었다면 Enter↵를 누릅니다.

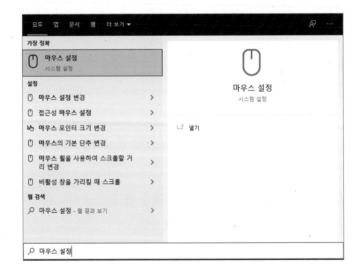

그러면 아래와 같은 화면이 나타납니다. 우리의 관심 영역은 '관련 설정'의 저 두 가지입니다.

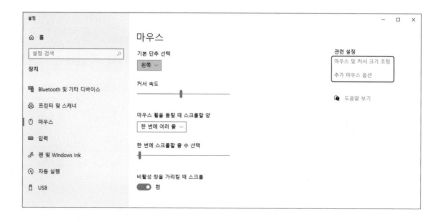

❶ 마우스 포인터의 크기 및 색 변경

먼저 첫 번째로 〈마우스 및 커서 크기 조정〉 메뉴를 클릭합니다. 우선 마우스 커서를 잘 잃어버리지 않도록 크기와 색상을 변경해줄 수 있습니다. 마우스 크기는 최대 15배까지 확대가 가능하고, 포인터의 색상도 배경에 맞추어 변경할 수 있으니 마음에 드는 크기와 색으로 사용할 수 있겠군요.

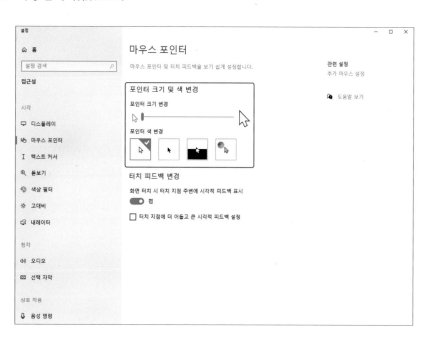

❷ 마우스 포인터 옵션 변경

다음은 이전의 〈추가 마우스 옵션〉에서 〈포인터 옵션〉 탭을 클릭합니다. 다음과 같이 Ctrl 을 눌렀을 때 포인터 위치를 표시하는 기능이 있습니다. 여기에 체크 후 확인 버튼을 눌러 설정을 저장하면, 이후 커서가 없어졌을 때 Ctrl 을 눌러 커서의 위치를 확인할 수 있습니다.

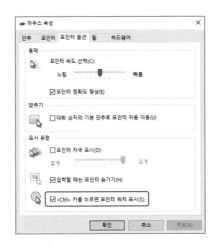

마우스 커서가 갑자기 보이지 않을 때, 미리 위와 같은 조치를 해 두었다면 아주 빠르게 커서를 찾을 수 있을 것입니다.

092

컴퓨터가 자주 멈춰요

컴퓨터 다운 시 해결 방법 | 활용분야 : 하드웨어 및 소프트웨어 문제 해결

물건은 점점 쓰면 길이 든다던데, 컴퓨터는 그렇지 않은가 봅니다. 오래 쓰다 보면 어느 순간 컴퓨터가 종종 멈춰버리는 일이 생기죠. 이런 현상이 자주 발생한다면 그것만큼 업무에 치명적이고 끔찍한 일도 없죠. 특히 몇 시간 동안 열심히 작업한 문서를 미처 저장하지 못했는데 갑자기 컴퓨터가 아무 동작도 하지 않는다면….

컴퓨터가 다운되는 경우 증상은 한 가지이지만, 사실 원인은 정말 다양합니다. 컴퓨터 사양보다 훨씬 높은 수준의 작업을 요구한다거나, 하드웨어 간의 연결이 잘되지 않았거나, 본체의 내부 온도가 너무 뜨겁다거나, 바이러스에 감염되었거나 등등 셀 수도 없죠. 물론 너무 자주 컴퓨터가 다운된다면 바로 수리를 맡겨야 하겠지만, 우선 간단하게 해볼 수 있는 응급 조치법을 알아봅시다.

❶ 작업 관리자로 응답 없는 프로그램 끄기

Ctrl + Shift + Esc를 눌러 작업 관리자에 들어가면, 간혹 "응답 없음"이라고 표시된 프로그램들이 있습니다. 프로그램 간의 충돌 등으로 에러가 난 경우 윈도우가 프로그램을 잠시 멈추는 현상이지요. 기다리면 해결될 문제일 수도 있지만, 대부분은 바로 프로그램을 종료하여 해결할 수 있습니다.

❷ 오류 / 악성코드 해결

컴퓨터를 켜자마자 CPU 등의 자원을 많이 소모하고 있다면 시스템에 오류가 있거나 악성코드에 감염되어 있을 수도 있습니다. 이 경우 백신 프로그램이나 시스템 점검 등을 통해 해결할 수 있습니다.

■를 누르고 "드라이브 조각 모음 및 최적화"라는 글자를 입력합니다. 해당 앱이 검색되었다면 Enter↲를 눌러 줍시다. 이 앱에서 〈최적화〉 버튼을 눌러 드라이브를 최적화합니다.

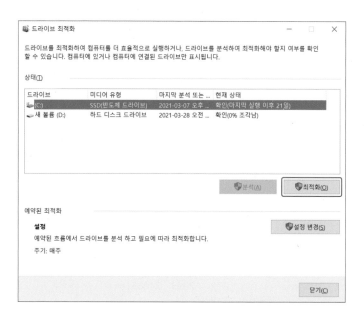

또한 050번 팁에서 소개한 '고클린' 등의 프로그램으로 컴퓨터를 자주 점검해주는 것이 좋습니다.

❸ 내부 온도 체크

컴퓨터가 다운되었다는 것은 무슨 방식으로든 무리한 작업을 했기 때문입니다. 이는 프로그램이 절대적으로 무거울 때에도 해당하지만, 컴퓨터가 제 컨디션이 아닌 상태에서 작업을 수행 중일 때도 해당합니다. 내부 온도가 높으면 컴퓨터는 내부 회로 보호를 위해 강제적으로 작업량을 줄이면서 버벅거리는 것이지요.

〈작업 관리자〉 → 〈성능〉 탭에서 GPU 온도를 확인해 봅시다. 일반적으로 내부의 부품 중에서는 그래픽카드의 온도가 가장 쉽게 올라가므로 이를 체크하는 것만으로 충분합니다. 만일 과열 상태라면 잠시 컴퓨터를 종료하여 식혀 줍니다. 또한 내부 쿨링이 잘 되고 있는지 쿨러를 확인할 수도 있습니다.

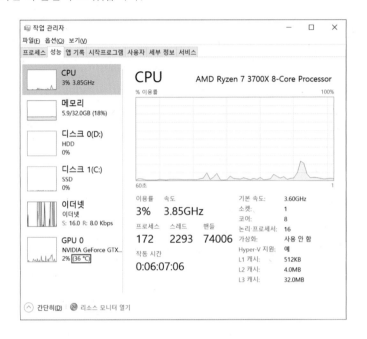

❹ 컴퓨터 내부 청소

내부 발열이 심해 상시 온도가 높은 상태라면 통풍이 잘 안 되고 있다는 증거일 수도 있습니다. 이 경우에는 컴퓨터 본체를 열어 내부의 먼지 등을 제거해 주어야 합니다. 특히 CPU와 그래픽카드는 발열량이 엄청나 심한 경우 화재가 날 수도 있어요.

여기까지 컴퓨터가 다운되었을 때 개인 차원에서 할 수 있는 여러 대응법에 대해 알아보았습니다. 물론 별도의 돈을 들이지 않고 해결하는 것이 가장 좋겠지만, 이런 문제가 자주 생기거나 심각할 경우 수리점에 가서 정밀 검진을 받아보는 것을 권해드립니다.

093

문서를 인쇄하면 일부 내용이 잘려서 나와요

문서 설정 및 프린터 설정 | 활용분야 : 인쇄 문제 해결

당장 문서를 뽑아서 회의에 들어가야 하는데, 복사기가 자꾸 이상한 종이를 뱉습니다. 분명 파일도 제대로고, 프린터와 연결도 문제가 없었는데도요.

인쇄 시 배율이 과도하게 나오거나 일부가 잘려 나오는 등의 문제는 은근히 흔한 편이지만, 이 역시 여러 원인을 가지고 있습니다. 하나하나 살펴보도록 할까요?

❶ 문서 프로그램의 인쇄 설정에서 인쇄 용지를 잘못 설정한 경우

대개 우리가 원하는 인쇄물은 A4 용지입니다. 하지만 인쇄 설정에서 다른 용지를 선택했다거나, 세로로 인쇄할 것을 가로로 인쇄한다거나, 한쪽 한쪽씩 뽑고 싶은데 2쪽 이상 모아찍기를 선택했다거나 하는 이유로 잘못된 인쇄가 나오는 경우가 있습니다. 이 경우에는 〈인쇄〉 → 〈인쇄 설정〉에 들어가서 원하는 대로 설정을 바꾸어 주면 되겠습니다.

❷ 문서 파일의 편집 용지 크기가 프린터 공급 용지의 크기가 아닌 경우

애초에 편집 용지의 크기가 A4가 아닌 다른 종이로 설정이 되어 있는 경우도 간혹 있습니다. 이를테면 B4의 경우, A4 길이의 약 140% 정도입니다. 이 경우에는 해당 배율에 맞추어 가로와 세로 길이의 배율을 축소하여 인쇄하면 해결할 수 있습니다.

❸ 인쇄기에서 용지를 잘못 설정한 경우

문서 프로그램은 설정이 잘 되어 있는데, 인쇄기 자체 설정에서 다른 사이즈의 용지가 설정되어 있다거나 인쇄 방향이 다르게 되어 있다면 역시 잘려서 나오게 됩니다. 인쇄기의 설명서를 따라 원하는 대로 설정을 바꾸면 잘 나오겠지요?

❹ 그 외의 경우

그 외에도 용지의 설정은 잘 되어 있는데 문서의 여백 자체가 극단적으로 작아서 잘렸을 수도 있고, 드물게 인쇄기에서 폰트를 지원하지 않아 문자가 깨져 인쇄될 수도 있습니다. 이 경우에는 이미지 형태로 파일을 만든 후 인쇄하면 깔끔하게 인쇄할 수 있습니다. 만약 이러한 조치 후에도 잘 해결되지 않는다면 컴퓨터와 프린터를 재부팅하여 인쇄해 보세요. 만약 잉크젯 프린터를 사용 중이라면 프린터 잉크 카트리지를 정렬하고 인쇄해 보기 바랍니다.

CHAPTER **9**

094 ⟨ 사용하려는 프로그램을 윈도우가 차단시켜요

마이크로소프트 디펜더 │ 활용분야 : 윈도우 보안 문제 해결

간혹 인터넷에서 다운받은 프로그램을 실행하려고 하면 마이크로소프트 디펜더 (Microsoft Defender)가 이를 차단하는 경우가 있습니다. 마이크로소프트 디펜더는 윈 도우의 기본 보안 프로그램으로, 이전에는 윈도우 디펜더라고 불렀습니다. 마이크로소프 트 디펜더가 차단한 프로그램을 다시 복구하는 방법을 알려드리겠습니다.

■를 누르고 "바이러스 및 위협 방지"를 입력합니다. 메뉴가 로딩되었다면 Enter 를 누 릅니다.

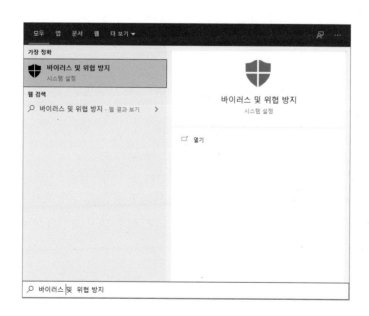

〈바이러스 및 위협 방지〉 탭을 살펴보기 바랍니다.

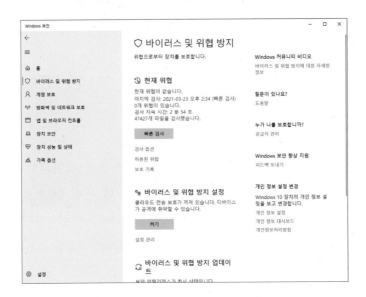

격리된 파일이 존재한다면 〈격리된 위협〉이라는 메뉴가 생겨나고, 아래 그림과 같이 메뉴에 격리된 파일의 목록이 표시됩니다. 최근에 격리된 위협 이력이 없다면 해당 메뉴가 표시되지 않습니다.

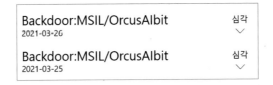

여기서 〈심각〉 버튼을 클릭한 다음, 〈허용〉을 선택하면 파일 격리가 해제됩니다. 격리 과정에서 파일이 삭제되었다면 원래 위치로 복원되며, 이후 다시 파일을 실행할 경우 격리 메시지가 표시되지 않습니다.

095 〉 램이 4GB밖에 인식되지 않아요

주기억장치 용량 인식 | 활용분야 : 하드웨어 문제 해결

컴퓨터를 새로 구매하거나 성능을 업그레이드할 때 가장 먼저 고려하는 것이 아마 램 (RAM)일 것입니다. 램의 용량을 넉넉하게 구비하면 동시에 여러 개의 프로그램을 실행하거나 고사양 게임을 실행해도 랙이 걸리지 않습니다.

그런데 간혹 비싼 돈을 들여 고용량 램을 장착했지만, 4GB밖에 인식되지 않는 경우가 있습니다. 16GB 램을 구매하여 컴퓨터를 몇 년간 사용했는데 알고 보니 그동안 4GB의 용량밖에 사용하지 못했다는 실제 사례도 있습니다. 무척이나 억울하고 아쉬운 일이었을 것 같습니다.

그렇다면 이 문제는 왜 발생하는 것일까요? 십중팔구는 윈도우를 32비트로 설치했기 때문에 발생하는 문제입니다. 068번 팁에서 설명했듯 윈도우는 32비트 모델과 64비트 모델이 존재합니다. 32비트 운영체제는 램을 4GB밖에 인식하지 못하므로, 32비트 운영체제가 설치된 컴퓨터에 비싼 돈을 들여 고용량 램을 설치하더라도 인식이 되지 않는 것입니다.

원고 집필 시점에 네이버 쇼핑 최저가 기준으로 윈도우의 상업용 라이선스는 32비트 운영체제가 64비트 운영체제에 비해 100원가량 저렴합니다. 납품 업체가 원가를 살짝 절감하는 것보다 고객사의 피해 규모가 훨씬 커질 수 있으므로 컴퓨터를 구매하기 전 반드시 64비트 운영체제 설치 유무를 확인하는 것이 이런 문제를 예방하는 가장 좋은 방법입니다.

문제를 해결하려면 64비트 윈도우 설치용 USB를 제작하고 윈도우를 재설치해야 합니다. 이 과정에서 모든 데이터가 삭제될 수 있으므로 중요한 데이터는 미리 다른 곳에 백업해야 합니다.

윈도우 설치 USB를 제작하는 방법과 윈도우를 재설치를 하는 방법은 Chapter 6의 061~064번 팁에서 이미 설명하였으니 참고하기 바랍니다.

096 USB 메모리 또는 하드디스크 용량이 적게 나와요

보조기억장치 용량 표기 | 활용분야 : 하드웨어 문제 해결

아래 그림은 저자가 실제로 몇 년간 애용하고 있는 USB의 정보입니다. 우측의 속성 창을 살펴보시면 USB의 용량이 114GB로 인식되고 있습니다. 이상한 일입니다. 분명히 제품 사양서에는 128GB라고 기재되어 있는데, 왜 컴퓨터에서는 114GB만 인식되는 것일까요? 잃어버린 14GB의 행방은 어디로 간 것일까요?

사실 양쪽에서 의미하는 GB의 의미가 다릅니다. SI 단위계에서 기가는 10억을 의미하는 단위입니다. 이야기가 나온 김에 한 번 단위를 표로 정리해 보겠습니다.

접두어	기호	지수 표기	10진수	배수
기가 (Giga)	G	10^9	1,000,000,000	십억
메가 (Mega)	M	10^6	1,000,000	백만
킬로 (Kilo)	K	10^3	1,000	천
센티 (Centi)	c	10^{-2}	0.01	십 분의 일
밀리 (Milli)	m	10^{-3}	0.001	백 분의 일
마이크로 (Micro)	μ	10^{-6}	0.000001	천 만분의 일

아마 꽤 익숙한 용어일 것입니다. 킬로그램, 센티미터, 밀리그램 등 일상에서 자주 쓰이는 접두어지요. 제조사에서 표시한 USB의 용량은 SI 단위계를 기준으로 작성된 것입니다. 128GB를 1,280억 바이트로 계산한 것입니다.

반면 컴퓨터에서 사용하는 단위는 약간 다릅니다. 컴퓨터는 1과 0만 활용하기 때문에 숫자를 이진수로 표시합니다. 이진수 세계에서는 1,000보다 1,024가 훨씬 표현하기 쉬운 숫자입니다. 1,024는 2^{10}이므로 10000000000으로 간략하게 표시되지만 1,000은 1111101000로 표시됩니다. 따라서 컴퓨터의 세계에서는 기가, 메가, 킬로 등의 단위가 아래와 같이 SI단위계의 값과 다릅니다.

접두어	기호	지수 표기	10진수	배수
기가 (Giga)	G	2^{30}	1,073,741,824	십억
메가 (Mega)	M	2^{20}	1,048,576	백만
킬로 (Kilo)	K	2^{10}	1,024	천

컴퓨터의 세계에서는 1 기가 바이트는 1,073,741,824 바이트에 해당합니다. 제조사에서 의도한 1,280억을 이 숫자로 나누면 약 119가 됩니다. 단위를 환산하는 과정에서 9GB가 날아가 버리는 것입니다!

여기에 추가로 USB에서 인식되지는 않지만, 용량을 차지하는 프로그램들도 있다 보니 여유 공간이 더더욱 줄어들어 총 14GB가 사라진 것처럼 보이는 것입니다. 따라서 저장 장치를 구매할 때는 제품에 표기된 용량보다 컴퓨터에서 표기되는 용량이 훨씬 적을 수 있다는 점을 염두에 둬야 합니다. 다만 모든 제품이 다 그런 것은 아닙니다.

왼쪽 그림은 같은 제조사에서 만든 같은 USB 라인의 제품 정보입니다. 제품에 표기된 용량이 32GB였는데, 컴퓨터에서 실제로 인식되는 용량 또한 32GB로 거의 오차가 없습니다. 이 제품의 용량을 SI 단위로 표현하면 34.3GB가량이 되었을 것입니다. 소비자를 배려하는 차원에서 약간의 용량을 더 추가하여, 컴퓨터에서 인식된 용량이 32GB가 되도록 맞춰준 제품입니다. 소비자 몰래 2GB 이상의 용량을 덤으로 얹어준 셈이지요.

이런 배려가 담겨 있는 좋은 제품을 수소문해 구매하는 것도 일종의 노하우가 될 수도 있겠습니다.

097 키보드와 마우스가 먹통이에요

USB 장치 인식 | 활용분야 : 하드웨어 문제 해결

요즘에는 대부분 컴퓨터 주변 기기가 USB 단자를 활용하고 있지만, 예전에는 그렇지 않았습니다. 컴퓨터 뒷면에는 마우스 전용 포트와 키보드 전용 포트가 구비되어 있었고, 포트의 모양과 색깔도 모두 달랐습니다.

당시에는 하나의 포트에서 여러 개의 장치를 인식하는 것이 기술적으로 어려웠나 봅니다. 요즘에는 USB 포트에 장치를 연결하면 스피커, 키보드, 마우스 등 대부분 장치가 작동하지요. 심지어 USB-C 단자를 활용하면 충전과 HDMI 영상 출력까지도 가능합니다. 점점 포트의 종류는 줄어들고, 한 개의 포트가 수행할 수 있는 역할은 늘어나는 추세입니다. 하지만 아직도 USB 포트의 인식 과정에서 해결되지 않은 문제가 있습니다. 어찌 보면 USB 방식의 문제가 아니라 메인보드의 성능 한계라 보는 것도 좋을 것 같습니다.

컴퓨터가 부팅되는 과정에서 메인보드에 설치된 바이오스(BIOS)는 컴퓨터에 연결된 주변 장치들을 한 차례 점검합니다. 이 과정에서 키보드와 마우스가 연결되어 있는 것으로 확인되면 바이오스는 운영체제에 "이 컴퓨터에는 키보드와 마우스가 연결되어 있어요!"라며 정보를 전달할 것입니다. 반면 바이오스가 장치를 스캔하는 단계에서 USB로 연결된 장치가 발견되지 않는다면 운영체제에 "이 컴퓨터에는 키보드와 마우스가 연결되어 있지 않아요!"라고 정보를 전달하겠지요. 그런데 이미 바이오스는 운영체제에게 키보드와 마우스가 없다고 전달했는데 그 이후에 사용자가 키보드와 마우스를 꽂으면 어떤 일이 일어날까요?

메인보드의 기종과 운영체제에 따라 다르지만, 일부 컴퓨터에서는 키보드와 마우스가 전혀 인식되지 않는 문제가 발생합니다. 바이오스 입장에서는 분명히 검사 시점에는 아무런 장치가 발견되지 않았고, 운영체제 입장에서는 바이오스로부터 키보드와 마우스가 없다는 정보를 전달받았으니 관련 신호를 무시하는 것입니다.

이때는 USB 포트를 옮겨 꽂는 것이 해결책이 될 수 있습니다. 이렇게 해도 해결되지 않는다면 키보드와 마우스 선이 연결된 상태로 컴퓨터를 재부팅하기 바랍니다.

098 ⟨ 모니터를 여러 대 쓰는데 화면이 한 대만 나와요

모니터 포트 잠금 해제 │ 활용분야 : 하드웨어 문제 해결

모니터를 여러 대 사용하면 생산성이 높아집니다. 똑같은 작업을 하더라도 더 빠른 속도로 더욱 정확하게 처리할 수 있게 되지요. 프로그래밍이나 디자인, 증권 업무는 여러 대의 컴퓨터를 사용하는 것이 기본입니다. 오죽하면 모니터를 여러 대 쓰는 게 멋있어 보여서 트레이딩 팀으로 부서 이동을 했다는 기관투자자도 있으니 더 말할 것도 없지요.

부푼 가슴과 함께 컴퓨터에 모니터를 연결하고 전원을 켰는데(!) 한 개의 모니터만 작동하면 얼마나 가슴이 아플까요? 이번에는 바이오스의 모니터 포트 잠금에 대해 간략히 알아보고 해결 방법을 알아보겠습니다.

바이오스는 부팅 과정에서 컴퓨터에 연결된 장치들을 스캔합니다. 그리고 혹시 그래픽카드가 연결되어 있다면 메인보드에 부착된 화면 출력 포트가 작동하지 않도록 막아버립니다. 그래픽카드에서 훨씬 고화질 영상을 효율적으로 출력할 수 있기 때문이지요. 따라서 컴퓨터 본체에 그래픽카드가 부착되어 있다면 그래픽카드에 있는 포트와 모니터를 연결해야 합니다.

왼쪽 사진에는 좌측 상단과 중앙부에 모니터 출력 포트가 있습니다. 좌측 상단의 회색 바탕에 위치한 포트는 메인보드에 부착된 포트들이며, 중앙에 위치한 포트는 그래픽카드에 부착된 포트입니다. 컴퓨터 본체 뒷면을 보고, 그래픽카드 포트가 아니라 메인보드 포트에 모니터를 연결한 것은 아닌지 확인하세요. 모니터 케이블을 옮겨 꽂으면 정상적으로 작동할 것입니다.

바이오스 또는 UEFI 설정에서 모니터 포트 락(lock)을 해제하는 방법도 있습니다. 이 경우 그래픽카드와 메인보드 포트 모두에서 영상이 출력되지만, 메인보드로부터 출력되는 영상의 화질이 저조할 수 있습니다. 그 외에 성능 문제도 발생할 수 있으므로 가능하면 그래픽카드에서 제공되는 포트에 모니터를 연결하고, 지금부터 소개하는 방법은 부득이한 경우만 사용하는 것을 추천합니다.

메인보드 제조사마다 용어가 다를 수 있지만, 바이오스 또는 UEFI 설정에서 〈iGPU Multi-Monitor〉 메뉴를 찾아 활성화시키면 그래픽카드와 메인보드의 영상 포트를 동시에 사용할 수 있습니다.

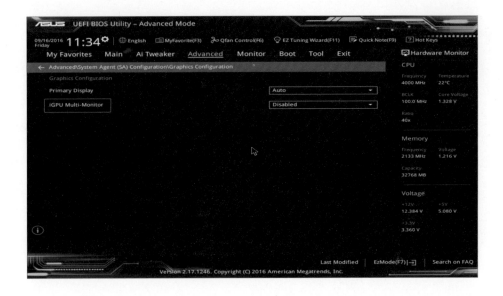

- ASUS사의 메인보드에는 〈Advanced Mode〉 → 〈Advanced〉 → 〈System Agent Configuration〉 → 〈Graphics Configuration〉에서 메뉴를 찾으실 수 있습니다.
- ASRock사의 메인보드에는 〈IGPU 멀티 모니터〉라고 표시되어 있습니다.
- 기가바이트 사의 메인보드에는 〈내장된 그래픽 우선〉이라는 메뉴로 표기됩니다. 기본 값은 〈자동〉으로 설정되어 있는데, 이 값을 〈사용〉으로 수정하면 됩니다.

099 컴퓨터에서 소리가 안 나요

소리 설정 | 활용분야 : 사운드 문제 해결

간혹 컴퓨터에 연결된 스피커나 헤드폰에서 갑작스레 소리가 나지 않는 경우가 있습니다. 이럴 때에 어떻게 대처해야 할까요?

음향 장치가 오작동하는 경우 문제의 원인은 크게 네 가지로 구분할 수 있습니다. ❶ 단자의 문제, ❷ 소리 설정의 문제, ❸ 하드웨어 인식의 문제, ❹ 사운드 드라이버의 문제.

지금부터 단자 문제와 사운드 드라이버 설정 문제를 해결하는 방법을 알려드리겠습니다. 네 방법 모두 시도했음에도 불구하고 소리가 안 난다면 장치가 고장 났을 가능성이 있습니다. 장치를 다른 컴퓨터나 스마트폰 등에 연결하여 소리가 나는지 테스트해 보기 바랍니다.

❶ 단자의 문제일 경우

이어폰이나 스피커를 꽂는 수신부는 생각보다 쉽게 고장 납니다. 잭을 꽂은 채로 충격이 가해지거나 하면 내부의 핀이 휘어 접촉 불량이 발생하기 쉬운 구조이기 때문입니다. 간혹 이어폰 잭의 각도에 따라 소리가 잘 나오기도 하고 끊기기도 하는 것을 경험해 보신 분들도 많을 것입니다.

단자가 문제인 경우에는 잭을 뽑았다가 다시 꽂아 보거나, 꽂은 채로 살짝 방향을 돌려 가며 장치가 인식되는지 확인합니다. 혹시 이렇게 문제가 해결되지 않는다면 다른 포트에 단자를 꽂아 봐야 합니다.

대부분 컴퓨터 본체에는 앞면과 뒷면 양면에 3.5파이 사운드 단자가 위치합니다. 장치가 앞면에 꽂혀 있었다면 뒷면에 연결해 보시고, 뒷면에 연결되어 있었다면 앞쪽 단자에 연결해 보기 바랍니다.

이렇게 해도 문제가 해결되지 않았다면 사운드 드라이버의 설정을 확인해야 합니다.

❷ 소리 설정의 문제일 경우

상태 표시줄 구석에 있는 스피커 아이콘을 마우스 오른쪽 버튼으로 클릭하고, 〈소리 설정 열기(E)〉를 선택합니다.

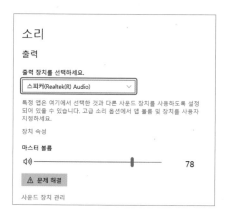

〈소리〉 설정 화면이 나올 것입니다. 〈출력 장치를 선택하세요.〉 메뉴를 클릭하여 작동 시키고자 하는 음향 장치가 정상적으로 인식 되고 있는지 확인하기 바랍니다. 만약 장치 가 인식되고 있다면 해당 장치를 클릭하기 바랍니다.

컴퓨터는 여러 개의 음향 장치가 연결되어 있더라 하더라도 기본적으로 한 개의 음향 장 치를 메인으로 사용합니다. 여러분이 사용하고자 하는 음향장치를 이 메뉴에서 메인으로 설정해 야 합니다.

혹시 연결된 장치가 인식되지 않는다면 하드웨어의 인식 여부를 확인해야 합니다.

❸ 하드웨어 인식의 문제일 경우

⊞를 누른 다음 "장치 관리자"를 입력합니다. 메뉴가 로딩되었다면 Enter↵를 눌러 장치 관리자를 실행합니다.

〈장치 관리자〉에서는 현재 컴퓨터에 연결되어 작동 중인 모든 장치를 열람할 수 있습니다. 〈오디오 입력 및 출력〉 메뉴로 들어가 원하는 장치가 인식되고 있는지 확인하기 바랍니다.

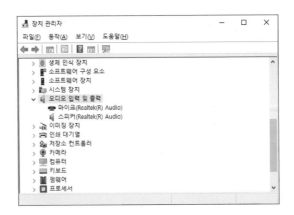

만약 여기에서 장치가 인식되지 않는다면 앞선 설명을 따라 다른 포트에 장치를 연결해 보기 바랍니다. 여러 포트를 바꿔가면서 연결해도 인식되지 않는다면 마지막으로 사운드 드라이버를 확인해야 합니다.

❹ 사운드 드라이버의 문제일 경우

Chapter 6의 [065 최신 윈도우 장치 드라이버를 가장 쉽게 설치하기 - 3DP Chip] 팁을
참고하여 3DP Chip을 설치하기 바랍니다.

만약 사운드 카드 드라이버에 문제가 있다면 3DP Chip 실행 시 아래 그림과 같이 〈멀티
미디어 (사운드, TV…) 탭에 노란색 경고 표시가 발생할 것입니다. 해당 항목을 클릭하면
최신 드라이버를 설치할 수 있습니다.

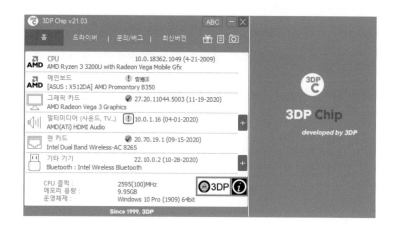

드라이버를 설치한 후 한 차례 컴퓨터를 재부팅하고, 장치 관리자를 실행하여 장치가 정
상적으로 인식되는지 확인해 보기 바랍니다.

여기까지 따라 했는데도 음향 장치가 인식되지 않는다면 하드웨어의 고장을 의심해도
좋습니다.

100 추가한 하드디스크가 내 컴퓨터에 보이지 않아요

하드디스크 드라이브 설정 | 활용분야 : 윈도우 문제 해결

넉넉한 용량으로 하드디스크를 달았다고 생각했는데, 얼마 쓰지도 않았건만 용량이 거의 다 찼다는 경고문이 뜨기 시작했습니다. 그런데 살펴보니 이상합니다. 분명 내가 설치한 하드디스크는 512GB짜리였는데, 사용 용량은 110GB뿐이거든요. 나머지 400GB는 어디로 간 걸까요?

문제를 해결하기 위해 바탕화면의 〈내 PC〉 아이콘에서 마우스 오른쪽을 클릭한 후 〈관리〉 탭으로 들어갑니다.

❶ 하드디스크가 잘못 연결된 경우

윈도우 탐색기에서 〈내 PC〉를 선택한 후 마우스 우클릭해서 〈관리〉 메뉴로 들어가면 다음 그림과 같이 〈컴퓨터 관리〉 창이 뜹니다. 여기서 〈저장소〉 → 〈디스크 관리(로컬)〉에 들어가면 본체에 연결된 하드디스크들을 모두 열람할 수 있습니다. 만약 여기에서 설치된 하드디스크를 조회할 수 없다면 연결이 잘못된 것이니 하드디스크를 다시 연결해 주어야 합니다.

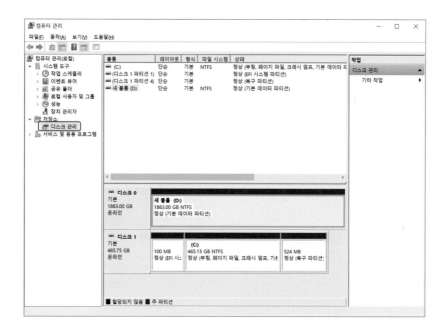

❷ 드라이브 문자가 할당되지 않은 경우

볼륨은 정상적으로 나오는데, 용량이 적은 케이스입니다.

이전에 드라이브 파티션을 나눌 때, 우리는 드라이브의 작업공간을 분할한 후 분할한 공간에 드라이브 문자를 할당하여 사용하는 작업을 거쳤습니다. 아래 그림에서처럼 분할 직후에는 드라이브 문자가 할당되어 있지 않아 볼륨에서 찾을 수가 없었지요.

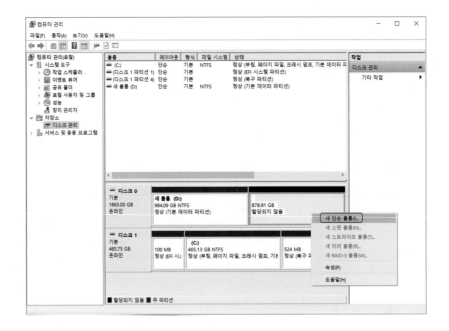

위와 같은 경우, 디스크 0은 약 2TB의 용량을 가지고 있지만, 컴퓨터에서는 약 절반 정도만 D 드라이브로 사용하고, 나머지는 사용하고 있지 않음을 알 수 있습니다. 이 할당되지 않은 볼륨에 드라이브 문자를 할당하거나, 같은 디스크의 다른 드라이브(위 그림에서는 D)에 합치면 온전히 사용할 수 있겠지요?

101 모니터 화면이 누렇게 보여요

모니터/그래픽카드 설정 | 활용분야 : 모니터/윈도우 문제 해결

어느 날 모니터를 켜 보았는데, 색감이 어째 혼탁한 것 같습니다. 분명 생생한 색감이 장점인 모니터였는데 예전만 못한 것 같네요. 특히나 그림 작업을 해야 한다면 이런 상황은 치명적일 수도 있습니다. 빠르게 해결해 봅시다.

❶ 모니터 자체 설정

모니터 대부분에는 색감을 자체적으로 조절할 수 있는 설정이 있습니다. 크게 RGB값 확인 / 색 온도 조절 / 눈 보호 모드 등의 조작으로 이 설정이 바뀌게 되면 보이는 화면 역시 영향을 받습니다. 직접 설정을 바꿔가며 맞추어 보아도 되고, 잘 모르겠다면 설정 초기화 / 공장도 설정으로 바꾼다면 간편하게 원상복구할 수 있습니다.

❷ 그래픽카드 설정

모니터를 바꿔봐도 크게 달라지지 않는다면, 본체에 설치된 그래픽카드의 설정을 살펴볼 필요가 있습니다.

작업 표시줄에 그래픽카드 설정으로 들어갈 수 있는 아이콘이 있습니다(왼쪽 그림의 경우 NVIDIA사의 그래픽카드 SW 아이콘입니다.).

아래 그림의 경우, 주로 문제가 생기는 이유는 색조나 감마값이 원인입니다. 그래픽카드의 제조사에 따라 색상의 온도 조절 탭이 있는 경우도 있습니다. 그래픽카드 제어판에서 이 설정을 변경한다면 원하는 화면 상태를 만들 수 있겠지요? 만약 뜻대로 조절이 안 된다거나 처음 상태로 되돌리고 싶다면 〈자동 선택(권장)〉 또는 〈기본 설정〉을 사용하면 편하게 원상복구를 할 수 있습니다.

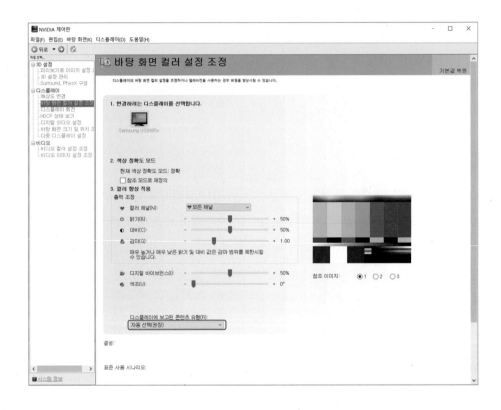

업무 효율이 올라가는 단축키

`PrtSc` : 전체 화면 캡처

`⊞` + `PrtSc` : 전체 스크린샷 캡처

`Alt` + `PrtSc` : 활성화된 창 캡처

`⊞` + `Shift` + `S` : 부분 화면 캡처

`⊞` + 방향키 : 화면분할

`Ctrl` + 마우스 휠 : 화면 확대/축소

`Tab` : 한번에 여러 칸 이동

`Ctrl` + `T` : 웹 브라우저 새 탭 열기

`Ctrl` + `Tab`, `Ctrl` + `Shift` + `Tab` : 웹 브라우저 탭 이동

`Ctrl` + `N` / `Ctrl` + `W` : 웹 브라우저 새 창 열기/닫기

`Ctrl` + `Shift` + `N` : 웹 브라우저 시크릿 모드

`⊞` + `V` : 고급 클립보드

업무 속도를 높이는 단축키

`⊞` + `Tab` : 작업보기

터치패드에서 세 손가락을 위로 밀기 : 작업보기(노트북 전용)

`⊞` + `D` : 모든 창 최소화

`Alt` + `Tab`, `Ctrl` + `⊞` + `←` / `→` : 프로그램 창, 가상 데스크톱 전환

`⊞` + 숫자키 : 작업표시줄 프로그램 실행

`Ctrl` + 숫자키 : 웹 브라우저 n번째 탭으로 전환

`⊞` + `L` : 로그아웃

파일 또는 폴더 선택 + `F2` : 파일 및 폴더 이름 변경

일잘러가 업무에서 자주 사용하는 **101가지 컴퓨터 활용팁**

엑셀 단축키

`Ctrl` + `D` : 위쪽 셀 내용 복제

`Ctrl` + `R` : 왼쪽 셀 내용 복제

`Ctrl` + `Z` : 실행 취소

`Ctrl` + `Y` : 재실행

`Ctrl` + `9` : 행 숨기기

`Ctrl` + `F12` : 열기

`Ctrl` + `↑` : 데이터 묶음 상단으로

`Ctrl` + `↓` : 데이터 묶음 하단으로

`Ctrl` + `←` : 데이터 묶음 좌측단으로

`Ctrl` + `→` : 데이터 묶음 우측단으로

`Ctrl` + `Space Bar` : 열 전체 선택

`Ctrl` + `B` : 굵게

`Ctrl` + `I` : 기울임꼴

`Ctrl` + `U` : 밑줄

`Alt` : 메뉴 단축키 확인

`Alt` + `F1` : 차트 삽입

`Alt` + `F2` : 다른 이름으로 저장

`F11` : 새 차트

`Ctrl` + `K` : 하이퍼링크 삽입

`Ctrl` + `;` : 오늘 날짜 삽입

`Ctrl` + `H` : 찾기/바꾸기

일잘러가 업무에서 자주 사용하는 **101가지 컴퓨터 활용팁**

한글 단축키

`Ctrl` + `←` : 한 단어 왼쪽으로

`Ctrl` + `→` : 한 단어 오른쪽으로

`Ctrl` + `↓` : 한 문단 아래로

`Ctrl` + `↑` : 한 문단 위로

`Home` : 줄 처음으로

`End` : 줄 끝으로

`Alt` + `Home` : 문단 처음으로

`Alt` + `End` : 문단 끝으로

`Ctrl` + `Enter⏎` : 쪽나누기

`Ctrl` + `Y` : 한 줄 지우기

`Ctrl` + `Z` : 실행 취소

`Ctrl` + `Shift` + `Z` : 다시 실행

`Shift` + 방향키 : 블록 설정

`Ctrl` + `H` : 찾기/바꾸기

`Ctrl` + `F10` : 특수문자 삽입

`Ctrl` + `N`, `N` : 각주

`Ctrl` + `N`, `M` : 수식 편집기

`Shift` + `Tab` : 내어쓰기

`Ctrl` + `F6` : 들여쓰기

`Ctrl` + `N`, `H` : 머리말/꼬리말

`Ctrl` + `N`, `P` : 쪽 번호 매기기

일잘러가 업무에서 자주 사용하는 **101가지 컴퓨터 활용팁**

자 르 는   선